Herbert Frei

TAUCHREISEFÜHRER SALZKAMMERGUT

Herbert Frei

TAUCHREISEFÜHRER SALZKAMMERGUT

Delius Klasing
EDITION NAGLSCHMID

Vorwort

Die Reihe der Tauchreiseführer, deren Band **Tauchreiseführer Salzkammergut** hier vorliegt, will allen Schnorchlern, Tauchsportlern und Wassersportfreunden helfen, ihren Urlaub an einem Gewässer so gut wie möglich zu planen und durchzuführen. Verlag, Herausgeber und Autor sind stets bemüht, die neuesten Erkenntnisse über ein Urlaubsgebiet in diesen Reiseführern zu verarbeiten. Wir wollen dazu beitragen, daß man sich vom ersten Tag an in seinem Urlaubsgebiet zurechtfindet und auf die örtlichen Besonderheiten einstellen kann. So geht keine wertvolle Urlaubszeit verloren. Mit unseren Beobachtungstips und Hinweisen auf die vielen Naturwunder, die es auch in unseren heimischen Gewässern zu beobachten gibt, wollen wir Ihnen helfen, mehr über und unter Wasser zu erkennen und zu erleben. Wir wollen versuchen, Ihnen mit diesem Tauchreiseführer einen Einstieg in die Welt unter Wasser zu ermöglichen, ohne daß man durch seine eigenen Aktivitäten die wertvolle biologische Zusammensetzung unserer Gewässer nachhaltig stört. Da wir wissen, daß neben dem Tauchen und Schnorcheln in jedem Urlaubsgebiet noch eine Menge Zeit für tausend andere Urlaubsfreuden bleibt, haben wir viele kleine Geheimtips für Ausflüge, kulinarische Genüsse und örtliche Besonderheiten zusammengetragen. Wir wollen Sie keineswegs in feste Bahnen lenken oder gar Ihre Urlaubshektik steigern, sondern wir wollen Ihnen ganz im Gegenteil helfen, daß Sie Ihren Urlaub an einem Gewässer im Salzkammergut so individuell wie möglich gestalten können.
Dabei können wir Ihnen natürlich nicht garantieren, daß jeder See, jeder Weg Ihnen so, wie bei uns beschrieben, noch zugängig ist. Deshalb bitten wir Sie, sich mit der Grundlage unserer Information vor Ihrem Urlaub oder während Ihres Urlaubs an die örtlichen Tauchschulen bzw. an Fremdenverkehrsvereine zu wenden, um die im Augenblick geltenden Tauchbestimmungen im Bereich des Salzkammergutes nicht durch Arglosigkeit oder Unwissenheit zu übertreten. Wenn wir mit unserem Tauchreiseführer Sie auf viele Möglichkeiten aufmerksam gemacht haben und gleichzeitig Ihren Wunsch und Ihren Willen gestärkt haben, biotopgerecht, d. h. seengerecht zu tauchen, dann haben wir unser Ziel erreicht. Ein Ziel, d. h.: **Taucher sind fair zur Natur** und **Taucher beherzigen die zehn goldenen Regeln des Tauchsports.** Sie tauchen wie ihr Schatten und hinterlassen keine Spuren.

September 1995

Dr. Friedrich Naglschmid
Präsident des Förderkreises Sporttauchen e. V.
Vizepräsident Verband Deutscher Sporttaucher

Einleitung

Süßwassertauchen ist populärer denn je. Daran haben selbst Tauchverbote für einzelne Gewässer nichts ändern können. Ein gestiegenes Umweltbewußtsein, Heimatverbundenheit, Interesse an Gewässerbiologie, Erhaltung binnenstationärer Biotope, passionierte Unterwasserfotografie, sportliche Betätigung im Rahmen einer erweiterten Freizeit wie auch geschichtliches Verständnis für versunkene Kulturen tragen zur permanenten Expansion dieser schönen Freizeitbeschäftigung bei.
Dieser Tauchreiseführer wendet sich an alle Gruppen und Sparten tauchender Amateure, Profis und Familien auf der Suche nach geeigneten Urlaubszielen. Gleich zu Beginn soll erwähnt werden, daß behördliche Auflagen das Tauchen an allen Gewässern, jeder Stelle und zu jeder Tageszeit einschränken können. Da sich solche mitunter restriktiven Maßnahmen von Zeit zu Zeit ändern können, bitten wir, eine der lizenzierten Tauchschulen nach dem neuesten Stand der Dinge zu befragen. Für das Tauchen in binneneuropäischen Gewässern muß an das Bewußtsein der Taucher für Flora und Fauna ein besonders hoher Anspruch gestellt werden. Die durch Einflüsse des Umfeldes vielerorts bereits stark gefährdeten Pflanzen und Tiere (im Wasser und an Land) bedürfen unserer ganz besonderen Rücksichtnahme. Süßwassertaucher achten daher verstärkt auf Schutzmaßnahmen, besonders im Rahmen ihrer Unterwasseraktivitäten.
Historisch gesehen bietet das Salzkammergut eine Fülle kultureller Kleinode. Diesem geschichtlichen Schatz wurde daher hier ein ganz besonderes Augenmerk gewidmet. Zwischen interessanten und abenteuerlichen Tauchgängen locken Heimat- und Prähistorisches Museum, alte Bergwerke, und für Fossiliensammler sind die Steilhänge schroff abfallender Berge wahre Fundgruben. Kurzum, das Salzkammergut bietet sich dem Besucher als ein vielseitiges Ferienland von großer historischer Bedeutung mit einem starken Trend zum Unterwasser-Paradies.

Es muß nicht immer Fisch sein. UW-Fotografen finden in den Pflanzenbeständen der kleinen Seen reizvolle Motive im Uferbereich.

Entstehung des Salzkammergutes und seiner Seen

von Matthias Kirchschlager* †

Foto: M. Singer

Das Salzkammergut mit seinen über 80 Seen verdient seiner Lage und Schönheit wegen eine Sonderberatung und eine Untersuchung, ob die alten Entstehungsschilderungen noch der Wahrheit entsprechen.

Bis in die letzte Zeit nahm man noch an, die Täler und Seen seien hauptsächlich durch glaziale Erosionen entstanden. Seit man sich mit der Geschichte der nördlichen Kalkalpen intensiver beschäftigt hat, tauchen allerdings neue Beobachtungen auf.

Der Dachsteingipfel mit seinen ca. 3.000 Höhenmetern ist voll von Meeresfossilien und muß folglich ca. 2.000 bis 3.000 m unter dem Meeresspiegel gelegen haben. Dort lagerten sich die Kalkminerale ab. Wenn man die Fossilien heute so hoch über Meeresniveau findet, müssen sie folglich durch terrestrische Kräfte aus dem Erdinnern angehoben worden sein. Dabei ist nicht nur Triaskalkgestein in Bewegung geraten und gehoben worden, sondern auch die unter den Kalkalpen liegenden permischen Salzgebilde.

* Matthias Kirchschlager galt als der bedeutendste Heimatforscher und Heimatschriftsteller des Salzkammergutes. Der 1903 in Hallstatt geborene Autodidakt war maßgeblich an der Erforschung der Hallstattkultur beteiligt. In einer 50jährigen, selbstaufopfernden Tätigkeit im Dienste der Wissenschaft, Historik und Natur übergab er Teile seines Lebenswerkes dem Heimatmuseum von Hallstatt, ohne jemals eine Empfangsbestätigung oder Anerkennung erhalten zu haben. Der Diener seiner Heimat, dem sein Geburtsort sogar die Gratulation zum 80. Geburtstag unterschlug, ist vielleicht das prominenteste Opfer um die Forschungspersonalaffaire „Hallstattkultur“, in der nicht der vernunftbegabte Mensch Anerkennung erlangt, sondern die dem Museumspräsidium wohlfeilen und genehmen Wissenschaftler.

Die vor Äonen unter dem Meeresspiegel gelegenen Trias- und Jurakalke (von Wien bis nach Bayern erstreckend) sind bei der langsamen Hebung zu Schollen zerbrochen. Daraus entstanden das Dachsteingebiet, das Totengebirge, das Höhlengebirge, das Tennengebirge u. a. Bei diesen Erdverschiebungen sind auch die unter den Triasschichten lagernden, permischen Salzgebilde zu einem Gemisch vermengt worden; daraus entstanden die sekundären Salzlager.

Der Abbau der Salze im Salzkammergut geschieht seit über 3.000 Jahren von sekundären Salzlagern, die primären Salzlager wurden bergmännisch noch nicht erfaßt.

Bei der Hebung wurden große Teile der Felsgesteine zu Schotter zerbrochen, wovon ein großer Teil auch ins Alpenvorland gelangte. Große Becken entstanden (nicht durch glaziale Erosion!), die Täler bildeten sich. Gleichzeitig formten sich die vielen Salzbecken im Salzkammergut, in die sich Niederschläge, Schneeschmelzen, Quellbäche und Zuflüsse ergossen. Diese neue Betrachtungsweise ist gänzlich verschieden von der bisher angenommenen Entstehung der Salzkammergutseen.

Die am Dachsteinplateau heute noch lagernden Urgesteine – Reste eines Urgesteingeschiebes – geben Zeugnis hervor, daß es einmal eine Zeit gab, wo die Tauern über das Dachsteinplateau entwässert wurden. Die Hebung der nördlichen Kalkalpen muß sehr langsam erfolgt sein, da heute das Ennstal eine große Vertiefung zwischen den Tauern (zu den Urgesteinsschichten zählend) und den nördlichen Kalkalpen bis zur Donau darstellt, wo im Mühlviertel wieder Urgesteinsschichten beginnen.

Urgewaltige Bäume liegen bereits im Flachwasser vieler Seen.

Skurrile Verästelungen, teils mit Algen behangen, zaubern ein eigenartiges, fotografisches Feeling.

Das Salzkammergut – klimatisch und topographisch gesehen

Hallstatt umgeben bis zu 3.000 m hohe Gebirgsmassive, die das Wetter entscheidend beeinflussen können. Trotz dieser Lage ist aber das Klima in den Sommermonaten ausgesprochen mild. Schönwetterperioden kommen aber auch im Frühjahr und Herbst vor. Wenn allerdings die Wolken an den Kalkalpen hängen bleiben, kann es mitunter tagelang regnen. Passende Kleidung ist daher zu empfehlen. Für die richtige Einstellung legt man sich am besten den Grundsatz zu: Es gibt kein schlechtes Wetter, sondern nur die falsche Kleidung! Dann kann auch ein längerer Schnürlregen die Stimmung kaum beeinflussen.
Befindet sich Europa unter einer Hochdruckzone extremer Art, so steigen die Temperaturen selbst an hochgelegenen Bergseen auf über 30 °C im Schatten. Die Winter sind mitunter sehr schneereich, kalt und lange anhaltend.
Landschaftlich bietet das Salzkammergut viel Abwechslung fürs Auge. Hügelketten wechseln mit steilen Bergen und schroff abfallenden Steilwänden ab. Dazwischen liegen liebliche Täler mit ausgedehnten Weideflächen, Seen, Bächen und großen zusammenhängenden Waldflächen. Hochalmen und kahle Gebirgsrücken stehen im Kontrast zu den smaragdgrünen saftigen Bergwiesen, auf denen das Vieh der Bauern weidet.
Umsichtige Naturfreunde können auf ihren Bergwanderungen Gemsen, Murmeltieren, Auerhähnen und Schneehühnern begegnen. Und Steinadler haben im Salzkammergut eines ihrer letzten Reservate gefunden.
Für Nichteinheimische ist die landschaftliche Begrenzung des Salzkammergutes immer ein kleines Rätsel, denn seine Gemarkungen tangieren und überdecken teilweise die Landesgrenzen der Steiermark, des Salzburger Landes und große Teile Oberösterreichs. Das Salzkammergut ist kein österreichisches Bundesland, wie immer vermutet wird. Seine geographische Beschneidung erfährt es im Norden durch die Verbindung Straßwalchen – Frankenmarkt – Vöcklamarkt – Vöcklabruck – Vorchdorf, während im Süden das Dachsteinmassiv eine natürliche Grenze bildet.

Stimmung über dem Hallstättersee,
einem der interessantesten Tauchgewässer der Alpen.

Die Hallstatt-Kultur

„Salz des Lebens“ lautet ein Ausspruch, und Salz, das lebenswichtige Mineral, bedeutete für Hallstatt und das Salzkammergut Ansehen, Reichtum und Macht. Das „weiße Gold“, wie es auch genannt wird, ist als Genuß- und Würzmittel untrennbar verbunden mit den österreichischen Salzbergwerken. Das keltische Wort „hal“ darf daher wohl als Ursprung des Ortsnamens von Hallstatt gelten, mit dem sich eine 4.500jährige Tradition der Salzgewinnung verknüpft.
Glückliche Umstände mögen dazu beigetragen haben, als der Bergmeister Johann Georg Ramsauer im Jahre 1846 oberhalb von Hallstatt ein Gräberfeld entdeckte, das in Europa seinesgleichen suchte. Die vom Salz konservierten Funde sind in ihrer Vollkommenheit einmalig. Ca. 20.000 Fundstücke ermöglichten eine nahezu lückenlose Rekonstruktion der Lebensweise unserer Vorfahren im 8. bis 5. Jahrhundert vor Christi. Die Bedeutung der Materialfülle kulminiert in der sachlichen Feststellung, daß die „Hallstatt-Kultur“ während der Älteren Eisenzeit die bedeutendste in Mitteleuropa war.
Inzwischen hat man etwa 3.000 Grabstellen freigelegt. Viele der darin gefundenen Stücke sind leider ins naturhistorische Museum nach Wien gewandert, so daß der Hallstattbesucher mit einigen wenigen, aber sehr schönen Exponaten im ehemaligen Stockerhaus und einem zum Heimatmuseum umfunktionierten Schulhaus vorliebnehmen muß.

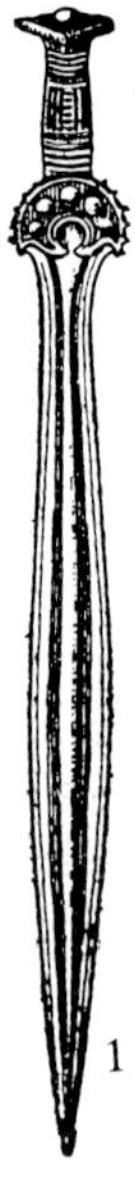
1

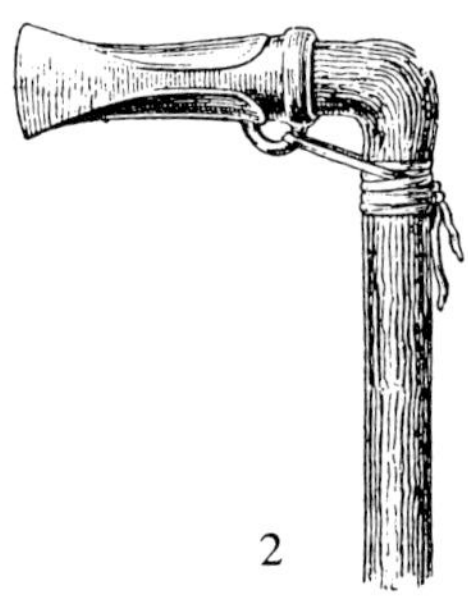
2

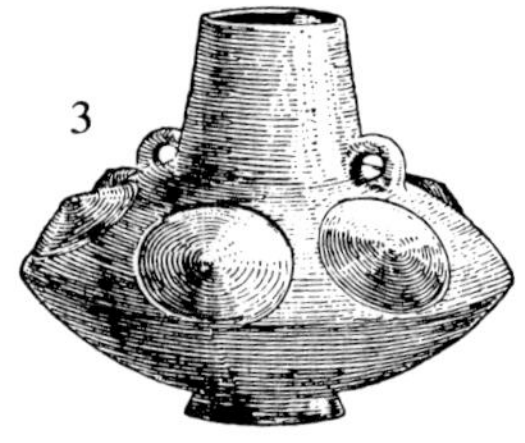
3

4

5

FUNDE AUS DER HALLSTATTZEIT
1. Schwert, 2. Hohlcelt, 3. Buckelurne, 4. Brillenfibel, 5. Bronzeimer

Die Salzgewinnung (schematisch)

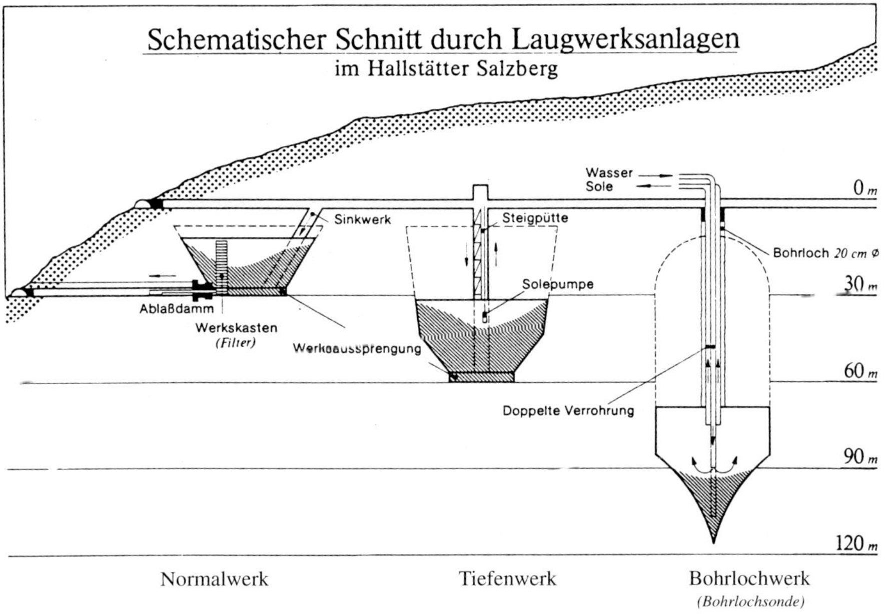

Das **Wasser** ist der stille Helfer des Knappen; es **löst** aus dem **„Haselgebirge"** das **Salz (Hallein, Hallstatt, Hall** i. T. u. a.!). In Hallstatt sind Bergwerk und Saline zu einem Salinenbergwerk zusammengefaßt.
Salzbergwerke gibt es in Österreich in Hallstatt, Hallein, Bad Ischl und Altaussee.
Die salzhaltige Lösung – Sole genannt – fließt in Rohrleitungen zu Salinen, wo sie in geschlossenen Gefäßen zum Sieden gebracht wird. Diese Anlagen – Thermokompressionsanlagen – funktionieren umweltschonend und energiesparend nach dem Prinzip der Wärmepumpe.

Das Salz

Zu den großen Erlebnissen bei einem Urlaub im Salzkammergut gehört zweifellos ein Besuch in einem Salzbergwerk. Da das lebensnotwendige Salz zu den ältesten Handelsprodukten der Menschheit gehört, erfährt man in einem Salzbergwerk ganz automatisch auch die Entwicklungsgeschichte der Technik. Hier wurden urtümlichste Erfahrungen der Menschheit umgesetzt in lebenswichtige Technologien. Wer nach einem solchen Besuch in einem Salzbergwerk ein Päckchen Salz irgendwo in einem Supermarkt für seinen alltäglichen Gebrauch kauft, dem wird das Bewußtsein von der gewaltigen Anstrengung, der es zur Gewinnung dieses „Weißen Goldes" bedarf, auch im Alltag ein Stückchen Urlaubserlebnis zurückbringen.

Herbst im Salzkammergut, ein Spiel mit den Farben der Blätter.

Skulptur eines Seerosenblattes.

Fotografische Herausforderung: Herbstblätter im Wasser.

Der Ort Hallstatt

Die Häuser kleben wie Schwalbennester am Fels. Steile Wege, nur zu Fuß begehbar, verbinden die Wohnstätten dieses malerischen Städtchens miteinander. Der Liebreiz von Hallstatt mit seinem unvergleichlichen Marktplatz, den alten Fachwerkhäusern und den ganzen Ort umrahmenden Fischer- und Bootshütten wurde schon von vielen Dichtern und Heimatschriftstellern beschrieben. Dem Hallstättersee und der Landschaft um Hallstatt setzte Adalbert Stifter in seinen Romanen „Der Nachsommer" und „Bergkrystall" ein unvergängliches poetisches Denkmal.
Oberhalb der Stadt bei dem in Europa wohl einzigartigen Friedhof steht auch das Beinhaus. Es ist vollgestapelt mit etwa 1.300 Gebeinen verstorbener Hallstätter und Hallstätterinnen, für die man im kargen Boden der Gemeinde keine Ruhestätte gefunden hat.
Die gewachsene Keltensiedlung offenbart ihren spezifischen Charme noch heute, wenngleich der zunehmende Autoverkehr die Idylle in den Sommermonaten zu ersticken droht. Zwei Umgehungsstraßen durch den Berg und die Sperrung der Seestraße für Kfz-Fahrzeuge entlasten aber den Kern der Stadt vom Gröbsten.
Hallstatt bietet ein wohldurchdachtes, vielseitiges und allen Ansprüchen gerechtes Sortiment an Unterkunftsmöglichkeiten. Viele der Gasthäuser liegen direkt am Wasser, so daß man seine Mahlzeiten mit Blick auf den romantischen See genießen kann.
Durch die ideale Lage am Wasser eignet sich Hallstatt für nahezu alle Wassersportarten gleich gut. Für private Motorboote braucht man allerdings spezielle Genehmigungen.
Nur wenige Minuten vom Ortskern entfernt sind gepflegte und gebührenfreie Badeplätze. Außerhalb der Stadt liegen neben einigen Rastplätzen auch 4 Campingplätze am See.
Frischwasserduschen und Toiletten sind vorhanden. Hallstatt setzt bezüglich eines Tauchurlaubs besondere Akzente. Ist es doch Gründungsort und Sitz der ersten alpenländischen Tauchsportschule, der Tauchsportschule Zauner im Tauchergasthof „Hallberg".
Verkehrstechnisch liegt das Salzkammergut vor allem für Selbstfahrer äußerst günstig. Am leichtesten erreichbar über die Autobahn München – Salzburg – Linz – Wien. Mit der Abfahrt Thalgau, von München kommend Richtung Bad Ischl – Hallstatt, gewinnt man gleichzeitig einen ersten Überblick über die Schönheit dieser herrlichen Landschaft. Von Wien – Linz kommend empfiehlt sich die Ausfahrt Regau – Bad Ischl – Hallstatt. Von Graz kommend, ist der Weg über den Gleinalmtunnel – Liezen – Trautenfels – Bad Mitterndorf – Bad Aussee und Obertraun nach Hallstatt empfehlenswert.

Weil in Hallstatt der Platz für einen größeren Friedhof fehlt, werden die Knochen der Verstorbenen auch heute noch im Beinhaus aufbewahrt.

Selbstverständlich kann man das Salzkammergut auch mit der Bahn gut erreichen. Hier empfiehlt es sich allerdings, der sich stets ändernden Fahrpläne wegen bei der Bahnauskunft nachzufragen.

Vor der Kulisse von Hallstatt sind im Sommer Bootfahren und Baden das tägliche Freizeitvergnügen der Touristen.

Hallstatt gehört zu den schönsten und malerischsten Orten Europas, ist eines der meistfotografierten Motive Österreichs.

Kulturelles, Sport und Freizeit

An Fronleichnam, dem zweiten Donnerstag nach Pfingsten, werden in feierlicher Prozession die Sakramente aus den Kirchen getragen. In Hallstatt am Hallstättersee und in Traunkirchen am Traunsee geschieht dies im Rahmen einer Bootsflotte über den See. Prächtig geschmückte Boote gleiten am Seeufer entlang, ein heiliger Korso vor dem Hintergrund der mächtigen Berge. Lehár, König der Operette, lebte viele Jahre bis zu seinem Tode am 24. Oktober 1948 in Bad Ischl. Das Lehár-Museum ist einen Besuch wert, sozusagen ein Blick in das „Land des Lächelns"... In jedem Sommer veranstaltet Bad Ischl, Österreichs ältestes Solebad, die weltberühmten Operettenwochen. Weitere musikalische Glanzlichter setzt die Stadt mit den Memory-Veranstaltungen für den „Walzerkönig" Johann Strauß, der von 1855 bis 1899 seinen Sommeraufenthalt hier hatte.

Wer den Trubel liebt, kommt an St. Wolfgang am Wolfgangsee nicht vorbei. Früher ein Wallfahrtsort, ist es heute eines der bekanntesten Urlaubsziele der Welt. Man muß nicht unbedingt im Weißen Rößl gespeist haben, um mitreden zu können. St. Wolfgangs eigentliche Berühmtheit steht in seiner Ortskirche: der Altar, ein Kunstwerk ohnegleichen. 1481 nach 10jähriger Arbeit von Michael Pacher vollendet. Experten bezeichnen den Pacher-Altar als das bedeutendste gotische Bild- und Schnitzwerk. Nur an hohen Festtagen werden die vier Flügel vollständig geöffnet, die dann den Blick auf den inneren Schrein freigeben, ein sakrales Opus aus Gold und Silber.

Das touristische Angebot im Salzkammergut ist vielseitig und abwechslungsreich. Neben Theater, Folklore, Büchereien und Museen wird besonderes Augenmerk auf körperliche Fitneß gelegt. Bergsteigen, Bergwandern, Reiten, Fischen, Golf, Tennis, Tauchen, Drachenfliegen, Surfen, Segeln und Rudern sind in fast allen Orten möglich. Über die genauen Angebote geben die örtlichen Fremdenverkehrsämter ausführlich Auskunft.

Gastronomische Besonderheiten und Spezialitäten sind Delikatessen des Konditorhandwerks sowie die einheimische Küche bezüglich fangfrischer Fische aus den klaren und sauberen Seen. Im Herbst beginnt die Jagd auf Hase, Hirsch, Reh und Gemse. Die Speisekarten der Restaurants überschlagen sich dann in blumigen Beschreibungen der aromatischen und verführerisch zubereiteten Wildgerichte (z. B. Keltenspieß).

Zu den farbenprächtigen Ereignissen gehört alljährlich das große Narzissenfest im Ausseerland. Schier endlos blühende Narzissenwiesen schmücken das Land. Mit Autokorso, Bootskorso, Narzissenball und Armbrustschießen feiert man jeweils Ende Mai/Anfang Juni in Altaussee, Bad Aussee und Grundlsee das Naturereignis der Narzissenblüte.

Das Fest der Narzissen ist deshalb so einmalig, weil die auf den Wiesen des Steirischen Salzkammergutes in Millionen von Exemplaren blühenden

weißen Narzissen ein Überbleibsel erdgeschichtlicher Wärmeepochen darstellen. Das isolierte Auftreten dieser Pflanzen in einer für sie feindlichen Umgebung und einem sonst tödlichen Klima gehört zu den einmaligen Naturwundern unserer Zeit.

Urlaub total in allen vier Jahreszeiten

Die prachtvolle Berg- und Seenlandschaft des Salzkammergutes, die wenige Kilometer östlich von Salzburg beginnt, ist ein Urlaubsgebiet für die ganze Familie. Ob für ein Wochenende oder für einen längeren Urlaub, diese Landschaft mit ihren 76 Seen und den Dreitausendern des Dachsteins zählt zu den vielseitigsten Urlaubsgebieten Europas.

Bad und Wassersport
Bei so vielen Seen ist es selbstverständlich, daß hier ein Schwerpunkt des Angebotes in den Bademöglichkeiten zu suchen ist. Besonders für Familien mit Kinden ist ein solcher Badeurlaub attraktiv. Mehr als ein Dutzend Segel- und Surfschulen bieten ihre Dienste an. Wer Lust hat, kann Wasserskifahren. Zweiundzwanzig Strandbäder und ein FKK-Strand erwarten die sonnenhungrigen Feriengäste. Tauchkurse für Anfänger und Tauchen für Fortgeschrittene haben das Salzkammergut zu einem der interessantesten Tauchgebiete des Binnenlandes werden lassen. 15 Schwimmbäder und 14 Hallenbäder machen den Badespaß wetterunabhängig. Das Angeln in den Seen und Bächen erfreut sich besonderer Beliebtheit.

Wandern und Radfahren
Ca. 2.000 km Wanderwege ziehen sich in den Tälern, um die Seen, auf den Hügeln und Bergen und an den Flüssen und Bächen entlang. 16 Orte bieten geprüfte Bergführer für spezielle Touren. Beliebt ist die Salzkammergut-Wandernadel. Und wer Radfahren will, kann sich an eine der vielen Fahrradverleihstellen wenden.

Heilbäder
Mit ihren natürlichen Sole-, Schwefel-, Jodschwefel-, Schlamm-, Moor- und Thermalbädern haben die Orte Bad Ischl, Bad Aussee, Bad Goisern und Bad Mitterndorf viele Anhänger gewonnen. Hilfe wird geboten für Atmungsorgane, Verdauungsorgane, Herz und Kreislauf, Nerven- und Bewegungsorgane, Frauenleiden, Kinderkrankheiten, Urologie und Hautkrankheiten.

Kinder und Jugend
Mit dem familienfreundlichen Angebot „Tischleindeckdich" will man besonders den Familien entgegenkommen. Bei etlichen Gästekindergärten können auch die Eltern einmal ans Ausspannen denken, während sich die Sprößlinge auf den Kinderspielplätzen nach Herzenslust austoben können. Mit Campingplätzen und Jugendherbergen will man besonders jungen Gästen entgegenkommen. Viele Discos und Tanzlokale sorgen auch abends für das richtige „Urlaubsleben".

Tauchen vom Feinsten im Grundelsee.

Sport und Vergnügen
Hier kann man nur die Fülle des Angebots aufzählen, die Urlaub total erst möglich machen: Tennisplätze und moderne Tennishallen; Salzkammergut-Golfplatz (9 Löcher), Reitställe und Reithallen; Fitneßbahnen, Minigolfplätze; Orte mit Segelflugmöglichkeiten; Bogenschießen und Kleinkaliberschießstände; Bowling- und Kegelbahnen; internationale Segelregatten; Ballonfliegen; Schiffsrundfahrten, lustige Bummelzugfahrten.

Seilbahnen und Bergstraßen
12 Kabinen- und Sesselbahnen. In das Dachsteingebiet (Krippenstein) führen die Dachstein-Seilbahnen (Sommer-Skilauf auf dem Gletscher). Bergstraßen: auf die Postalm bei Strobl, auf den Loser im Ausseer Land, auf den Kasberg im Almtal, über die Alpenstraße auf die Tauplitzalm.

Salzbergwerke und Höhlen
Die Besichtigung der Salzbergwerke und Schau-Höhlen des Salzkammergutes gehört zu den eindrucksvollsten und faszinierendsten Urlaubs-Erlebnissen: **Salzbergwerke** in Altaussee, Bad Ischl und Hallstatt. **Höhlen:** Dachstein: Rieseneishöhlen und Mammuthöhlen; Obertraun: Koppenbrüller-Wasserhöhlen; Ebensee: Gaßl-Tropfsteinhöhle.

Veranstaltungen
Über 5.000 Veranstaltungen vom Frühjahr bis zum Herbst. Traditionsreiche, typische Salzkammergutfeste: „Narzissenfest" (Ende Mai/Anfang Juni im Ausseer Land), Fronleichnamsprozessionen auf dem See (Hallstatt und Traunkirchen), Operettenwochen in Bad Ischl (Juli bis September), Golfturniere (Mai bis Oktober), Laienspiel „Mondseer Jedermann" (Juli/August), Gamsbart-Olympiade in Bad Goisern (August), Schloßkonzerte (Juli/August, Kammer am Attersee), „Pfeiferltag" (Mitte August).

Winterurlaub
Das Salzkammergut zählt zu den interessantesten alpinen Wintergebieten. In ihrer langjährigen Fremdenverkehrserfahrung haben die zuständigen Verkehrsverbände in Zusammenarbeit mit den heimischen Gastronomie- und Veranstaltungsbetrieben ein Programm entwickelt, das in dieser grandiosen Winterlandschaft keine Wünsche offenläßt. Als Ski-Erlebnis besonderer Art gilt die mit 22 km längste Alpinabfahrt der Ostalpen. 2.200 m Höhenunterschied vom Hallstätter Gletscher über Simonyhütte und Wiesberghaus bis hinunter nach Hallstatt werden überwunden. Es würde zu weit führen, alle Wintersportmöglichkeiten in diesem Tauchführer aufzuzählen. Darum nur eine kleine Auswahl zum Appetitholen:

Urlaub mit Kindern im Salzkammergut – eine Alternative besonderer Art.

Langlaufloipen; geräumte Wanderwege; Eislaufplatz mit Musik und Beleuchtung zum Nulltarif; Skischule für Anfänger und Fortgeschrittene; Gratis-Skibus zur Dachsteinseilbahn: 10 km lange Skiabfahrt vom Krippenstein; Dachstein-Wochen-Skipaß; Wintersportgeräteverleih; Schachabende; Kegelnachmittage; Wettrodeln; Eisstockschieß-Wettbewerbe; Kartenspielnachmittage; Unterhaltungsabende; Fahrt zu einer Wildfütterung u. v. m.

In vielen Seen überziehen Algenteppiche den Grund.

Pflanzenkolonien durchstoßen stellenweise die Algenteppiche.

Im Bereich von Quellzuflüssen klaren die Gewässer auf.

Geheimnisvolle Welt am Grund des Traunsees. Sauerstoffbläschen überziehen den Boden.

Der Dachstein

Untrennbar mit dem Dachstein verbunden ist der Name des Naturforschers Friedrich Simony. War er auch nicht der erste, der diesen Berg bezwungen hat, so hat er doch den Dachstein für die Touristen erschlossen. Der Mitbegründer der Österreichischen Geographischen Gesellschaft und des Österreichischen Alpenvereins gilt als Naturschutzpionier und bahnbrechender Wissenschaftler bei der Erforschung hochgelegener Bergseen, Alpengletscher und Eishöhlen. An den im Jahre 1813 geborenen Forscher erinnern so bekannte Namen wie Simonyspitze, Simonyhöhle und Simonyhütte.

Der Kampf um den Dachstein begann in den ersten Jahren des 19. Jahrhunderts. Aber erst 1832 gelang dem Bauern Peter Gappmayr aus Filzmoos der Alleingang auf den umkämpften Dreitausender. Nahezu ein Jahrhundert lang wurde diese Leistung des unbekannten Gappmayr totgeschwiegen und der Salzburger Professor Peter Thurwieser als Erstbesteiger gefeiert, der jedoch nachweislich mehr als zwei Jahre nach Gappmayr den Dachstein bezwungen hatte. Auch heute noch ist die Begehung des Dachsteins kein Spaziergang. Der Karfreitag des Jahres 1954 schrieb das schrecklichste Kapitel der Dachsteingeschichte in den Annalen der Begehung. Drei Lehrer und zehn Kinder einer Heilbronner Schülergruppe wurden von einem plötzlichen Wetterumsturz überrascht und kamen ums Leben. Wie man später anhand von gefundenen Fotodokumenten entschlüsseln konnte, setzte die Gruppe trotz eines aufkommenden Schneesturmes den Weg zum Gipfel fort. Leichtsinn und Selbstüberschätzung wurden so zu Begleitern in den weißen Tod.

Mit vernünftiger Einstellung und entsprechender Ausrüstung ist eine Dachsteinwanderung ein unvergeßliches Erlebnis. Als Alternative zum Tauchen empfiehlt sich bei gutem Wetter die Fahrt mit der Dachstein-Seilbahn in die Regionen aus ewigem Eis und Schnee mit einem anschließenden Rundgang (an Höhenunterschied denken! Vorsicht nach Tauchgängen).

Einen Sprung in die Vergangenheit erlebt man beim Besuch der Dachsteinhöhle. Der Linzer Eisenbahner Georg Lahner betrat 1910 erstmals die unterirdischen Hallen aus Eis, Wasser und Tropfsteinen. Der Schritt in den Bauch der Erde war der Anfang einer gigantischen Höhlenerforschungsepoche, deren Ergebnisse bis heute nicht vollständig sind. Von den über 300 Höhlensystemen des Dachsteins sind noch immer viele unerforscht. Insbesondere Höhlen, für die Tieftauchkenntnisse erforderlich sind, harren hydrospeleologischer Wissenschaftler, die durch die Vermessung die letzten Geheimnisse der gewaltigen Systeme lösen sollen.

Für den Touristenverkehr freigegeben sind die Dachstein-Rieseneishöhlen, die Mammuthöhle und die Koppenbrüllerhöhle.

Aber nur in der Koppenbrüllerhöhle ist ein Wasserfall zu bewundern, der die Gewalt der Natur besonders eindrucksvoll darlegt.

Tauchergasthof „Hallberg“ mit Tauchschule

Sitz der Basis ist Hallstatt am Hallstättersee. Direkt am Wasser, fast in der Ortsmitte, liegt der freundlich einladende Tauchergasthof „Hallberg“, der in seiner Art in Europa wohl einmalig sein dürfte. Dem Gasthaus angeschlossen ist das 1. Alpenländische Tauchsportzentrum. Besitzer dieses Unterwasser-Gastronomie-Refugiums sind die Eheleute Antje und Gerhard Zauner. Gerhard Zauner, ein echter Süßwasserpionier, hat in seinem Tauchergasthof ein lohnens- und staunenswertes Ziel für Süßwassertaucher geschaffen. Das ganze Haus ist vollgestopft mit Erinnerungen an die unwahrscheinlichsten Tauchgänge, und so nimmt es auch nicht wunder, daß in den abendlichen Erzählstunden manchmal ganze Latein-, „Pardon“ Taucherlateinlektionen durchgeackert werden. Doch das alles gehört einfach zur Stimmung in dem Tauchergasthof, dessen Kinderfreundlichkeit genauso zu loben ist wie sein vorzügliches Essen. Ob österreichisch deftig oder international kultiviert, es entsteht ein Klima, dem man sich als Gast und Urlaubstaucher schwerlich entziehen kann.
Der Tauchergasthof „Hallberg“ ist in Hallstatt nicht zu verfehlen. Die Auslagen der zur Hauptstraße gerichteten Giebelwand sind mit Taucheremblemen, UW-Bildern und Süßwassermotiven behängt und bepflastert.
22 Betten, auf 1- bis 4-Bett-Zimmer verteilt, warten auf erlebnishungrige Gäste. In einigen Zimmern ist auch Selbstverpflegung möglich. Kleine Kochnischen ermöglichen so z. B. der mit Kindern reisenden Familie die Zubereitung kleinerer Gerichte für die Sprößlinge. Der Gasthausbetrieb ist perfekt auf Urlaub mit Kindern zugeschnitten. Sonderwünsche hinsichtlich der Portionen werden mit einer Selbstverständlichkeit angenommen und ausgeführt, daß man sich auf Anhieb wohl fühlt. Eine Gastronomie, die den Gast noch wirklich König sein läßt und die auch Kinder als vollwertige Gäste behandelt...
Anschrift: Tauchergasthof „Hallberg“
A. & G. Zauner
Seestraße 113
A-4830 Hallstatt/Österreich
Tel. 0043-(0) 61 34-82 86, Fax 8 28 65

Tauchschule und Gasthof sind ganzjährig geöffnet, so daß auch Wintertauchen und Eistauchen auf dem Programm stehen.
Die Ausrüstung der Zauner'schen Tauchschule umfaßt alle Dinge, die man für den ungetrübten Bergseetauchgenuß benötigt. Von Geräten bis Lampen gibt es alles zu mieten. Spezielle Unterrichtsprogramme für das Tauchen mit Trockentauchanzügen und der Verleih entsprechender Anzüge sind sicherlich einzig in ihrer Art. Abgerundet wird alles durch eine Dekokammer für hoffentlich nie eintretende Eventualitäten. Ferner stehen zur Verfügung: zwei

Kompressoren, drei UW-Skooter, Sauerstoffbeatmungsgeräte, eine ferngesteuerte UW-Video-Kamera, zwei Tauchboote und ein großer Taucherbus.
Der Tauchraum ist zudem mit Spinden, einer Werkbank, einer Warmwasserdusche und einer Film-, Video- und Fotobastelecke ausgestattet. Verleih von UW-Scheinwerfern sowie von Film- und Fotokameras ist möglich. Das Ausbildungsprogramm der Tauchschule Zauner wird nach den Richtlinien des VIT abgewickelt. Grundübungen macht man in einem Hallenbad und einem Taucherturm.
Ab der 4. Stunde geht es dann in den See.
Neben der Erlangung des Diploms zum Ein-Stern-Taucher (Bronze), Zwei-Stern-Taucher (Silber) und Drei-Stern-Taucher (Gold) ist auch die weiterführende Ausbildung zum Berufstaucher als Assi und Tauchlehrer vorgesehen. Insbesondere Sporttauchern mit wenig Freizeit wird hier im Rahmen eines Süßwassertauchurlaubs die Möglichkeit zum Ablegen der verschiedenen Prüfungen ohne Zeitdruck gegeben.
Der Unterricht erfolgt gewissenhaft, gründlich und ist praxisorientiert auf die Probleme des Bergseetauchens mit all seinen Eigenheiten zugeschnitten. Als besonderer Ausbildungsservice wird auch Höhlentauchen geboten. Erfahrene Taucher mit dem Faible für das „besondere Abenteuer“ werden behutsam von ortskundigen Hallstätter Höhlentauchern in das Milieu ewig finsterer Kessel, Siphons und Tropfsteinhöhlen eingeführt. Im Winterangebot stehen neben Trockentauchkursen auch diverse Wintersportarten der Skischule Zauner.
Doch auch an die nichttauchende Ehefrau oder Freundin hat man gedacht. Sepp Zauner sen., den man in Hallstatt den Grillkönig nennt, veranstaltet Kochkurse, in deren Mittelpunkt die hohe Schule der Grillzubereitung steht.

Unterwasserhochzeit im Gosausee. Der Pfarrer mußte extra dafür Tauchen lernen.

Helmtaucher im Hallstättersee bei Bergungsarbeiten.

Bergseetauchen

Die Salzkammergutseen liegen in Höhen zwischen ca. 400 m und ca. 2.100 m über dem Meeresniveau. Zur Gruppe der Hochgebirgsseen zählen die Eisseen des Dachsteins am Fuße des Gletschers.

Tauchausrüstung

Für die oberen Wasserschichten genügt bei warmem Wetter die normale Tauchausrüstung mit 6–7-mm-Anzug, Tarierweste, Kopfhaube (möglichst angeschnitten), Füßlingen und Handschuhen. Neben dem obligatorischen Tauchermesser sollten Sie einen höhenadaptierbaren Tiefenmesser benutzen. Ein solcher läßt sich vor dem Tauchgang manuell auf Null stellen. Die Berücksichtigung des geringen Luftdruckes ist somit gewährleistet. Tiefenmesser ohne Justiermöglichkeit in der Ausführung als Rohrfeder – („Bourdon“) – oder Membranmanometer zeigen in Bergseen immer eine zu geringe Tiefe an.
In einem 1.500 m hoch gelegenen See steht die Meßnadel eines auf Meeresniveau justierten Tiefenmessers in 40 m Tiefe auf 38,5 m. Taucht man in einem Gletschersee in 2.000 m Höhe 20 m tief, zeigt der Tiefenmesser nur 18 m an. Für Bergseetauchen eignet sich daher in besonderer Weise der Boyle-Mariotte'sche Tiefenmesser. Der von vielen Sporttauchern als zu simpel, ungenau und primitiv abgelehnte Tiefenmesser ist für das Tauchen in Bergseen ideal, da er immer die sogenannte fiktive Tiefe anzeigt. In einer engen Glasröhre wird die Luftsäule entsprechend dem Boyle-Mariotte'schen Gesetz komprimiert; d. h. in 10 m Tiefe (2 bar) im Meer wird das Volumen der Luft auf die Hälfte zusammengedrückt. In 20 m Tiefe (3 bar) ist es noch 1/3 und in 30 m Tiefe 1/4 so groß wie an der Oberfläche. Der Boyle-Mariotte'sche Tiefenmesser ist deshalb im Bereich der Dekostufen (2,0 – 1,5 m) – große Spreizung – sehr genau und deutlich ablesbar, während er in großen Tiefen aufgrund des Gesetzes p x V = const. anderen Konstruktionen den Vortritt lassen muß. Selbstverständlich zeigt der „Boyle-Mariotte'sche“ Tiefenmesser in jeder Höhenlage beim Eintauchen „0 m“ Tiefe an, weil dann ja noch kein Wasser in der Kapillare ist. In 8 m Tiefe (1,6 bar) steht aber die Wassersäule bis 10 m. Bei 16 m Tiefe (2,4 bar) zeigt er 20 m Tiefe an. Und in 24 m Tiefe (3,2 bar) liest man schließlich 30 m ab. Wenn keine speziellen Bergsee-Dekotabellen zur Hand sind, kann man nach der Anzeige des Boyle-Mariotte'schen Tiefenmessers mittels normaler Tabellen dekomprimieren, denn die vom Boyle Mariotte angezeigten Tiefen (3 m, 6 m, 9 m etc.) entsprechen real den flachen Bergseedekostufen der für diesen Barometerstand nach der Bergseeformel umgerechneten Tabellen. Der Boyle-Mariotte'sche Tiefenmesser ersetzt somit auf einfache Weise komplizierte Rechenvorgänge.
Für den Boyle-Mariotte'schen Tiefenmesser gilt folgende Gleichung:

$$T_W = T_a \times p_a$$

T_w = wirkliche Tauchtiefe (m)
T_a = abgelesene Tauchtiefe am Boyle-Mariotte Tiefenmesser (m)
p_B = Luftdruck in Bergseehöhe (bar)

Hat man die Höhenlage eines Bergsees ermittelt (aus Karten durch Höhenmesser, vom Fremdenverkehrsamt etc.), so kann der Luftdruck über die nachstehende Formel errechnet werden.
$p_B = 1{,}01325\ \text{bar}\ (1 - 2{,}257 \cdot 10^{-5\,h})\ 5{,}255$

Luftdrucktabelle (lt. Internationaler Normalatmosphäre)

Bergseehöhe (m)	400	500	600	700	800	900	1.000	1.100	1.200
Luftdruck (mbar)	966	955	943	932	921	910	899	888	877
Bergseehöhe (m)	1.300	1.400	1.500	1.600	1.700	1.800	1.900	2.000	2.100
Luftdruck (mbar)	867	856	846	835	825	815	805	795	785

Der Luftdruck in Meereshöhe wird Normalluftdruck p_o genannt und hat den Wert 1.013,25 mbar. Der atmosphärische Luftdruck kann sich durch meteorologische Einflüsse ändern – steigend bei Gutwetter, fallend bei Schlechtwetter. Das russische Winter-Hoch hat oft 1.045 mbar, ein Island-Sturmtief gelegentlich 950 mbar Kerndruck. Für das Tauchen ist das ohne Belang, da ja der „B.-M.“-Tiefenmesser ohnehin den aktuellen Luftdruck berücksichtigt oder nach Tabellen getaucht wird, wo diese Schwankungen im Sicherheits-Faktor aufgefangen werden.

Dekomprimieren in Bergseen
Dekompressionspflichtige Tauchgänge sollten in Bergseen nicht die Regel sein. Die damit verbundenen Gefahren wie Unterkühlung, Fehler beim Aufsuchen der Tabellenwerte, falsche Berechnungen bei Repetitivtauchgängen und nicht zuletzt das Risiko, im finsteren Wasser einen Tiefenrausch zu bekommen, stehen in keinem Verhältnis zum Lustgewinn.
Aus diesem Grund soll hier nachstehend noch auf die komplexe Materie von Tabellen und Berechnungen eingegangen werden.

Die eingeschleppten Dreikantmuscheln bilden bereits riesige Kolonien.

Neben Edelkrebsen haben sich im Salzkammergut auch amerikanische Populationen durchgesetzt.

Wichtig: Pneumatisch arbeitende Dekompressionsmeter dürfen in Bergseen **nicht** verwendet werden! Ihre Anzeige ist nur auf Meeresniveau justiert. Bei zu geringem Luftdruck (über 1.000 m Höhe) können sie überdies beschädigt werden. Durch den reduzierten Luftdruck in großen Höhen wird das Verhältnis

$$\frac{\text{Luftdruck in Bergseehöhe}}{\text{Absolutdruck}}$$

beim Tauchen permanent vergrößert.

Bergseetauchen mit Computern

Nur noch wenige Taucher hantieren in Bergseen mit Tabelle und Uhr, der Bequemlichkeit und Sicherheit wegen führt im Grunde am Tauchcomputer kein Weg vorbei. Allerdings sind beim Gebrauch dieser Instrumente einige Regeln zu beachten:

1. Prinzipiell spielt es keine Rolle, ob der Computer am Arm oder in der Konsole getragen wird. Armbandgeräte haben jedoch den Vorteil, daß man sie, zumindest als UW-Fotograf, leichter im Auge behält.
2. Kaufen Sie nicht das komplizierteste Gerät. Wer vor lauter Zahlen, Piktogrammen und Kurven nicht mehr weiß, was er ablesen soll, kann gleich bei Uhr und Tabelle bleiben.
3. Manche Tauchcomputer muß man auf ein Bergseeprogramm umstellen. Nehmen Sie dazu die Bedienungsanleitung unbedingt mit, wenn Sie das nicht häufig machen. Manchmal rutscht man auch in einen Modus, aus dem man nicht wieder herausfindet. 40 oder 50 abrufbare Funktionen beherrscht kein Mensch auf Anhieb – nicht mal der, der Ihnen das Gerät verkauft hat.
4. Bequeme und schlaue Leute wählen ein Computer-Modell, das den Bergseemodus automatisch an Abhängigkeit des Luftdrucks einstellt.
5. Geben Sie Ihrem Computer Zeit, sich an die Höhe zu adaptieren. Manche Geräte benötigen 12 Stunden oder mehr, um sich exakt anzupassen. Auch Ihnen als Mensch schadet es nicht, wenn nicht gleich kurz nach der Anreise in extremen Höhen getaucht wird.
6. Wer sich in Bergseen vernünftig verhält und moderat taucht, braucht im Prinzip weder Uhr noch Tabelle und auch keinen Computer, obwohl deren Mitnahme natürlich nicht schaden kann. Es soll damit nur gesagt werden, daß niemand, der umsichtig taucht, gewisse Regeln einhält und sich an Vorgaben und gemachte Erfahrungen (auch von anderen!) hält, einen Tauchunfall im Bergsee erleiden muß und deshalb in diesen Gefilden auch nie einen Taucharzt benötigen wird.

Im Meer liegt es in 30 m Tiefe bei 1/4, d. h. 4 x Luftdruck; im Bergsee (2.000 m ü. M.) in 30 m Tiefe bei $^1/_{4,77}$, d. h. 4.77 x Luftdruck. Beim Aufsteigen tritt daher eine verstärkte Druckreduzierung auf, so daß der Lösungsdruck von

Stickstoff (p_{N2}), der beim Auftauchen maximal um den Faktor 1,52 ansteigen darf, in Bergseehöhe immer unter demjenigen in Meereshöhe liegen muß, sollen die Gewebe nicht durch ausperlende Gasblasen geschädigt werden. Während also bei Meerestauchgängen der p_{N2} einen Wert von 1,52 bar aufweisen darf, muß er an einem 1.500 m hoch gelegenen Bergsee (0,845 x 1,52) auf 1,29 bar gefallen sein.
Daraus folgt, daß die Dekozeiten länger werden bei gleichzeitiger Verkürzung der Nullzeiten. Dem erhöhten Druckabfall ist also durch Umrechnung von wirklichen Tauchtiefen in scheinbare Tauchtiefen Rechnung zu tragen.

$$T_S = \frac{T_W}{P_B}$$

$$D_B = D_M \times p_B$$

T_S = scheinbare Tiefe (m)
T_W = wirkliche Tiefe (m)
p_B = Luftdruck in Bergseehöhe (bar)
D_B = Dekostufe – Bergsee (m)
D_M = Dekostufe – Meer (m)

Entsprechend der Umrechnung liegen die Dekostufen in Bergseen z. T. in wesentlich geringeren Tiefen als im Meer.
Alle direkten Angaben zum Bergseetauchen würden den Rahmen eines solchen Führers sprengen, zudem zusätzliche Druckkosten verursachen. Wir empfehlen daher, sich exakt an die neuen Tauchtabellen des VDST e. V. zu halten.
Eine wichtige Hinweise seien noch angefügt:

- **Unausgeschlafen, verkatert oder gar noch alkoholisiert taucht man nicht!**
- **Auch wenn unter Berücksichtigung aller Sicherheitsmaßnahmen in Bergseen Tiefen von 50 m durchaus ertaucht werden können, sollte sich der „Normalverbraucher“ in seinem Tiefendrang auf GERINGERE TAUCHTIEFEN beschränken!**
- **Wir raten allen Tauchern, sich an eine Aufstiegsgeschwindigkeit von 10 m/min. zu halten!**
- **Bis zu einer Bergseehöhe von 700 m ist nach jedem Tauchgang in 3 m Tiefe ein Sicherheitsstop von 3 Minuten einzuhalten – auch wenn die Nullzeit nicht überschritten wurde!**
- **In Bergseen mit einer Höhenlage zwischen 700 m und 2.100 m ist nach jedem Tauchgang in 2 m Tiefe ein Sicherheitsstop von 3 Minuten Dauer einzuhalten – auch wenn die Nullzeit nicht überschritten wurde!**

Fotografieren in Bergseen

Zu den schönsten Mitbringseln aus den Bergseen gehört immer noch das eigene Foto. Tauchen und Fotografieren – ein Erlebnis für sich. Sind die Bergseen klar, kann man sich ohne weiteres der Kameraautomatik anvertrauen. Bei 10 m und mehr Sicht reagieren sogar die Sensoren von TTL-Blitzgeräten recht zuverlässig. Entscheidend für die UW-Fotografie ist immer der Anteil der Schwebeteilchen. Es gibt nämlich Bergseen unterschiedlichster Prägung, was Transparenz und Landschaft anbetrifft.
Klare Gewässer ohne nennenswerten Pflanzen- und Algenbewuchs, mit großen Kies-, Schotter- und Geröllhalden bei eingeschränkter Fauna bieten mehr das Fluidum der Weite und des Schwebens im „Inneren Raum". Hauptmotiv bleibt dann der Tauchpartner, den man zur Untermalung am besten mit eingeschalteter Lampe ablichtet.
Klarheit reizt zu Gegenlicht, und Gegenlicht ist das Feuer im Unterwasserwald. Die in den oberen Zonen der Salzkammergutseen liegenden Bäume bieten ein unerschöpfliches Reservoire verschiedenster Gestaltungsmöglichkeiten: seien es von Seerosen überwucherte Baumwurzeln oder schleimalgenbehangene Äste, deren zarte Girlanden von jedem Luftstoß in tanzende und zuckende Bewegung der Fäden versetzt werden.
Von völlig anderer Art ist der fischreiche, dichtbewachsene algenreiche Bergsee. Auch dort macht das Fotografieren Spaß, ist aber gänzlich verschieden vom Fotografieren im kristallklaren Wasser.
Bei Sichtweiten unterhalb von 5 m liegt der Reiz vornehmlich im Detail. Die Nahaufnahme ist gefragt und damit auch der kundige Blick für die Nähe. Viele Fotografen haben damit ihre Probleme, übersehen sie doch häufig die schönsten und reizvollsten Motive, wenn deren Größe nur noch der des Aufnahmeformats entspricht.
In nur mäßig klaren Gewässern blitzt man eigentlich nur im Nahbereich. Der verhängnisvolle „Schnee", also die angestrahlten Schwebeteilchen, lassen es kaum zu, einherschwebende Taucher mit Blitz aufzunehmen. Reduzieren Sie dann das künstliche Sonnenlicht auf das notwendige Erträgliche, gehen Sie in den Nah- und Makrobereich oder versuchen Sie Ihr Glück bei Nacht.
Wo viele Schwebeteilchen sind, findet man gewöhnlich auch viele Fische, da das Nahrungsangebot größer ist. Insbesondere die nächtliche Fotopirsch in den Seen des Salzkammergutes kann ausgesprochen ergiebig sein. Tiere, die man tagsüber nie sieht, tauchen wie hervorgezaubert aus dem Nichts auf. Geblendet durch Scheinwerfer und Pilotlampen erstarren sie kurzzeitig, so daß auch Ungeübte zu recht passablen Aufnahmen gelangen. Was am Tage zu einer echten Sisyphosarbeit ausarten kann, das frontale Fischportrait, gelingt in stockdunkler Nacht durch den Blendeffekt relativ leicht.

Bachforellen findet der Taucher in fast allen Flüssen und Bächen, aber auch in großen Seen im Bereich von Zu- und Abflüssen.
Diese Kümmerform einer Bachforelle trägt die Bachforellenpunkte auf der Rückenflosse – eine Rarität.

Immer wieder scheiden sich die Geister beim Filmmaterial. Da geht es einmal um die Filmempfindlichkeit und zum anderen auch um das Fabrikat des Filmes. Letzteres ist eigentlich weit weniger wichtig als man vermuten könnte. Es gibt heute praktisch keine Dia-Filme, die für Süßwasser nicht geeignet wären. Wohl unterscheidet man hart- und weichzeichnende Filme, oder Filme mit ausgeprägter Grün- bzw. Blautendenz. Hier spielen allerdings der subjektive Eindruck, das persönliche Geschmacksempfinden und das Faible für eine bestimmte Marke eine größere Rolle.
Entscheidender ist da die Filmempfindlichkeit. Sie beeinflußt letztendlich die Zeit-Blenden-Kombination, bestimmt den Einsatz des Blitzlichtes und ist zugleich die Basis für die Korngröße bzw. die Filmschärfe.
Scheint die Sonne in klares Wasser, sollte man sich den Einsatz des Blitzlichtes zweimal überlegen. Leicht zerschlägt man eine stimmungsvolle Atmosphäre mit tanzenden Sonnenkringeln durch unüberlegtes Blitzen. Versuchen Sie's besser mit einem Touch zur Mischlichtaufnahme (Eigenfarbe des Wassers bleibt erhalten!) in Form von Aufhellungen der Gesichtspartien beim Tauchpartner. Desgleichen kommt in Frage, wenn Fische oder andere Motive im Schatten überhängender Bäume, ausladender Äste und Zweige, Höhlen und Ausbuchtungen sowie unter Wasserpflanzen stehen.
Ein Wort zur Schärfe eines Filmes. Je niedriger die Filmempfindlichkeit, desto feiner das Korn. Dies ist allerdings nur ein grober Anhaltspunkt. Verschiedene Herstellungsverfahren einzelner Filmtypen haben diese Regel auch bereits durchbrochen. Hohe und höchste Empfindlichkeit ist kein Thema mehr für schlechte Bildqualität, was die Korngröße anbetrifft. Lichtstarke Filme haben für ungeübte Fotografen immer den Vorteil der höheren Schärfentiefe; und bei Tageslichtaufnahmen bringen sie die Sicherheit einer verwackelungssicheren schnellen Zeit.
Beschäftigen Sie sich im Salzkammergut intensiv mit Nahaufnahmen und der Makrofotografie. Viele der Seen beherbergen die extrem kleinen Süßwasserpolypen, denen man sinnvoll mit Maßstab 1 : 1 und größer auf den Leib rückt. Süßwassermoostierchen, kleine Schnecken, Larven und winzige Knospen von Wasserpflanzen bieten dem aufmerksamen Fotografenauge genügend Abwechslung und Spannung, selbst an düsteren Regentagen und auch in dunklen und trüben Gewässern. Die Motive in den Seen des Salzkammergutes sind vielschichtig wie selten irgendwo. Da gibt es riesige Baumstämme, gewaltige Kronen, hochragende Uferpflanzen, gigantische Hechte und Forellen, irisierende Elritzenschwärme und träge Groppen. Für jede Optik den passenden Rahmen. Vom Fisheye bis zum Makrozwischenring ist man bei flexibler Ausrüstung jeder Situation gewachsen. Das Überangebot der Seen mit ihrer exorbitanten Motivauswahl ist der Freiraum für die gestaltende Süßwasserfotografie. Das satte Grün der Salzkammergutseen kontrastiert hervorragend zu geschmackvoll ausgewählten Tauchmasken und Anzügen.

Insbesondere der Maske sollten Sie erhöhte Aufmerksamkeit schenken. Farbige Fassungen und homogen verlaufende Glasformen mit erweitertem Einblick auf das Gesicht vermitteln den direkten Bezug zum intensiven Taucherlebnis. Taucheraufnahmen in klaren Seen mit Bewuchs und archaischer Landschaft gehören immer noch zum Beeindruckendsten, was Tauch- und Fotoszene in Binnengewässern bieten können.

In den Seen des Salzkammergutes gedeihen viele Süßwasserschwämme. Die filigranen, von lila bis hellweiß gefärbten moosartigen Polster sind nicht besonders schwer zu fotografieren, da sie festsitzend sind. Dennoch gibt es immer wieder Probleme bei der Belichtung, da das Blitzlicht stark reflektiert wird. Bei Süßwasserschwämmen mit heller Oberfläche immer die Blende um 0,5 bis 1,0 Wert schließen. Das gleiche gilt übrigens auch für die im Krottensee massenhaft auftauchenden Süßwassermoostierchen.
Im Hochsommer ist dieser See zudem stark mit Schwebealgen durchsetzt, die ebenfalls das Blitzlicht reflektieren und unangenehme Verschleierungen der Bilder ergeben. Um dies zu verhindern, muß man versuchen, so nah wie möglich ans Objekt heranzugehen. Extreme Nah- und Makroaufnahmen sind die beste Lösung.
Ebenfalls zu starken Reflexionen neigen die in vielen Seen beheimateten Süßwasserpolypen. Diese winzigen Tierchen haften an ins Wasser gefallenen Ästen, überziehen die Oberfläche abgestorbener Algendecken und finden sich auch auf den Gehäusen von Wasserschnecken. Sinnvolles Fotografieren ist nur im Maßstab 1 : 1 oder 2 : 1 möglich, wobei letzterer eigentlich immer angestrebt werden sollte. Der Maßstab 2 : 1 läßt sich über Zwischenringkombinationen erreichen. Als ideal hat sich für diese Zwecke ein Iso 100/21°-Film herauskristallisiert.
Eines jeden Fotografen Traum ist das Bild eines Fischschwarmes im heimischen Gewässer. Ein solches Bild kann im Salzkammergut Wirklichkeit werden. Und zwar in Form eines Elritzenschwarmes. Diese flinken kleinen Fische stehen zu Hunderten und Tausenden an den Ufern des Toplitzsees, des Gosausees und des Grundlsees. Es gibt wiederum zwei Möglichkeiten der Aufnahmetechnik: die natürliche Aufnahme ohne Blitz oder die mit Blitzlicht. Rein gefühlsmäßig würde ich die natürliche Schwarmaufnahme für die bessere und eindrucksvollere Variante halten. Man wählt dazu einen mittel- bis hochempfindlichen Film (Iso 200/21° bis Iso 400/27°) und stellt die Zeit auf 1/125 sec, mindestens jedoch 1/60 sec. Elritzen sind zwar sehr flinke Fischchen, aber nicht sonderlich scheu. Man kann sie sogar anfüttern. Halten Sie die Luft an und warten Sie ab, bis sich der Schwarm in seinen Schwimmbewegungen stabilisiert hat. Dann schieben Sie sich langsam näher und fotografieren eine Sequenz. Ausgesprochen plastische Bilder ergeben sich, wenn die Fische im Sonnenlicht stehen, so daß man ihre Silhouetten erkennen kann.

Im Pflanzendickicht verbringen die Libellenlarven ihr räuberisches Dasein.

Larve einer Schlankjungfer-Libelle. Die Atmung erfolgt über Tracheen am Schwanzende.

Gelbrandkäfer erbeuten auch Fische, die um ein Vielfaches größer als sie selbst sind.

Gelbrandkäferlarven wurden früher auch Mordwürmer genannt, weil sie alles angreifen, was sich bewegt.

Das sogenannte indirekte Gegenlicht (Sonnenstrahlen frontal ohne Einblick in die Sonne) bietet zudem den Vorteil der Beibehaltung einer natürlichen Wasserfarbe.
In Bergseen leben Trüschen (auch Aalrutten oder Quappen genannt). Diese trägen Raubfische findet man im Grundlsee schon in wenigen Metern Tiefe. Ihre bevorzugten Standplätze sind Vertiefungen im Boden. Löcher in versunkenen Bäumen und Mulden zwischen abgesunkenem Holz und Unrat. Eine perfekte Tarnfarbe schützt die Trüschen vor allzu neugierigen Besuchern. Man muß sehr langsam schwimmen, den Boden absuchen und sein Glück an dunklen Stellen und dämmrigen Plätzen versuchen, denn Trüschen sind nachtaktive Fische. Sie liegen, sofern sie keinen hochgelegenen Ruheplatz haben, immer am Seegrund, was einer guten und aussagefähigen Aufnahme nicht immer entgegenkommt. Versuchen Sie die Trüschen zu einer aufrechten Kopfhaltung zu bewegen – es ist möglich, wenn man ihnen die Kamera direkt vors Maul plaziert –, damit sich die Tarnkünstler optisch etwas vom Untergrund lösen. Eine weitere Schwierigkeit liegt darin, Sedimentwolken nach Möglichkeit zu vermeiden, wenn Sie sich auf die Trüschen zubewegen bzw. wenn sich die Fische selbst in Bewegung setzen. Hier hilft nur Geduld. Warten Sie ab, bis sich die Schwebeteilchen wieder gesenkt haben, auch wenn das einige Minuten dauern kann; das bessere Bild sollte es Ihnen schon wert sein. Im Grundlsee, direkt am Einstieg beim Gasthaus „Rostiger Anker", liegen in ca. 5 bis 7 m Tiefe einige Bäume. An wolkenverhangenen Tagen kann man im Dämmerlicht zwischen den Ästen Dutzende von Trüschen liegen sehen. Auch die etwas raren Aufnahmen schwimmender Trüschen sind an dieser Stelle realisierbar. Noch ein Hinweis: Fotografieren Sie am abfallenden Ufer eines Sees niemals, oder nur ausnahmsweise, einen Fisch von oben nach unten. Suchen Sie immer die Position eines tiefergelegenen Standpunktes, damit Ihnen die Chance einer Mischlichtaufnahme erhalten bleibt. Auch bei sehr kleiner Blendenöffnung ist es nämlich möglich, bei Iso 100/21° Empfindlichkeit mittels einer Blitzaufnahme und Haltung der Kamera gegen die Wasseroberfläche den Fisch oder ein anderes Motiv in anheimelnder Stimmung bei kräftig grüner Farbe des Wassers einzufangen.
Nahaufnahmen von Trüschen, Forellen und Groppen machen Sie am besten bei Nachttauchgängen in einem der unzähligen schönen und klaren Gebirgsseen.

Krötenhochzeit – das Männchen hat sich am Rücken des Weibchens festgeklammert und wartet auf die Eiablage.

Froschlaich in einem Waldweiher, aus dem Klumpen entschlüpfen Tausende Kaulquappen.
Bei entsprechender Nahrung können Wasserfrösche beachtliche Größen erreichen. Dieser hier war so groß wie eine Männerhand.

Die kleinen Froschlurche halten sich versteckt; trotzdem werden viele zur Beute von Vögeln, Wasserinsekten und Fischen.

Fauna und Flora unter Wasser

Wer taucht, will etwas sehen, denn Sehen ist Erleben. Sporttaucher erwarten denn auch von ihrem Urlaubsgebiet Überdurchschnittliches, was Bewuchs und Fische betrifft. Diese Punkte kann das Salzkammergut „par excellence" erfüllen. Alle Seen bieten einen meist ungetrübten „Sehgenuß". Nur wenige dieser Seen liegen in extremen Hochlagen, aber schon der stundenlange Aufstieg dorthin wird von einer wahren „Se(h)ensucht" begleitet.

Geradezu phänomenal ist im Herbst die Farbenpracht am Seegrund, wenn ein dichter Belag aus pittoreskem Blattwerk herbstlichen Zauber in die stille Welt der Bergseen trägt. Das ganze Farbenspiel sonnenbeschienener Spektraltupfer gipfelt in unwirklich grün-gelben Strahlenbündeln, die die Sonne in schrägem Winkel in die dunkle Tiefe sendet. Der ungehinderte Eintritt des Sonnenlichtes in die klaren Wasser der Salzkammergutseen bewirkt, daß selbst im Spätherbst noch hochstehende und intakte Pflanzenwälder zu finden sind.

In vielen Seen, z. B. im Grundlsee, sind die Uferzonen bis in Tiefen von 3–5 m fast nahtlos von der Wasserpest überwuchert. Dazwischen gibt es immer wieder lichte Stellen, an denen Teichlinsen, Hornkräuter und Tannwedel dichten Bewuchs demonstrieren.

Als sensationell darf man werten, daß in entlegenen Hochseen und flachen, klaren Tümpeln der Wasserschlauch *(Utricularia vulgaris)* gedeiht. Dieses Kleinod an floralistischer Kunst ist Europas einzige fleischfressende Süßwasserpflanze. Hier im Salzkammergut hat der durch Abwässer bedrohte Wasserschlauch eine letzte Zuflucht gefunden.

Es scheint auch so zu sein, daß viele Pflanzen in ihrem Lebensraum gewisse eigene Untergruppen bilden. So hat man im Toplitzsee festgestellt, daß die Farbintensität der Tausendblätter, insbesondere, was die Stengelfarbe betrifft, an leuchtkräftigem Rot einmalig ist.

Vielfach unvergleichlich sind auch die Kolonien der Teichrosen und Seerosen in stillen Moorseen und Teichen. Diese wunderschönen Pflanzen stehen unter Naturschutz und dürfen nicht gepflückt bzw. beschädigt werden. Der umweltbewußte Taucher und Fotograf hält Abstand beim Schwimmen und Fotografieren. In Fließgewässern langsamer Strömung begegnet man dem „flutenden Hahnenfuß", dessen blütenreiche Verzweigungen ganze Gewässer in duftende Zonen pflanzlicher Schönheit verwandeln.

Das Besondere der wachstumsfreudigen Flora in den Salzkammergutseen ist die teilweise außergewöhnliche Endgröße einzelner Pflanzen. Der Verfasser hat selbst Hornkräuter und Tausendblattstengel gesehen, die über 2 m Höhe erreichten. Bei probatem Einfall des Sonnenlichtes ergeben sich dadurch ausgezeichnete Ausgangspositionen für Gegenlichtaufnahmen.

Hochgelegene Gebirgsseen haben selbstverständlich aufgrund der frühen Kälteeinbrüche und spät auftauender Eisflächen nur spärlichen Bewuchs.

Schilfhalme lichtet man immer von der tieferen Wasserseite her ab.

Auch Wasserpflanzen kann man in eine fotografische Diagonale legen.

Vielseitig ist die Pflanzenwelt im Salzkammergut. Wichtig: Schauen Sie öfter mal nach den kleinen und unscheinbaren Motiven.

Dichter Pflanzenbewuchs garantiert auch üppige Jungfischschwärme. Solche Pflanzenwände sind ein Dorado für Kleintiere.

Nur schwaches Algenwachstum auf Steinen und Felsplatten kann in den Eisseen unterhalb der Gletscher festgestellt werden.
Schilfbewuchs von enormer Vielfalt und filigraner Schönheit ziert die Mittellagen einsamer Moorseen. In ihnen kann man selbst bei eingeschränkten Sichtweiten herrliche Strukturen ablichten und den Aufnahmen durch geschickt plazierte Pflanzenmotive grafischen Charakter verleihen.
Wonach man sonst im Süßwasser oft vergeblich sucht und sich schon königlich freut, wenn man einige winzige Exemplare gefunden hat – nämlich Süßwasserschwämme –, hier scheint ihre Wiege zu sein. Fast in allen Seen entdeckt man sie, in vielen Farben wie weiß, grau, grün, braun, rosa und violett. Sie überziehen die Bohlen der ins Wasser gefallenen Bäume und bilden filigrane Formen und abstrakte Ornamente in Form verzweigter Finger wie auch oktopodischer Vielfalt. Überzogen werden die Schwämme wiederum von winzig kleinen Süßwasserpolypen und Moostierchenkolonien. Auf ihnen weiden Sumpfdeckelschnecken, Posthornschnecken und Fischegel. Wie immer man auch die Nah- und Makrozone betrachtet, die ungeheure Verdichtung winzigen Lebens ist eines der größten Wunder in den zum Teil kalten und oft leblos erscheinenden Seen.
Wasserkäfer, Larven, Flohkrebse, Hüpferlinge, Asseln und Wasserwanzen bevölkern die Flachzonen bis in wenige Meter Tiefe. Eine wahre Fundgrube für den biologisch vorbelasteten und interessierten Taucher mit der Möglichkeit, zu einmaligen Makroaufnahmen zu kommen.
Die Salzkammergutseen zählen zu den fischreichsten Gewässern in Europa. Eine große Artenvielfalt der verschiedenen europäischen Fischvertreter bildet hier riesige Schwärme, so daß immer noch Berufsfischer im Süßwasserfischfang ihr Auskommen finden.
Im Salzkammergut ist die Vielfalt der schwimmenden Faunisten überdurchschnittlich hoch, da die Höhendifferenz der Seen bis zu 1.700 m betragen kann. Daher findet man in diesen Gewässern sowohl ausgesprochene Warmwasservertreter wie auch extreme Kaltwasserfische; Moorseen, Teiche und Großgewässer mit Höhenlagen um 700 m beherbergen in großer Zahl Karpfen, Schleien und Brachsen. Große Schwärme bilden auch Aitel, Rotaugen und Barsche.
Salzkammergut-typisch sind die Renken oder Reinanken *(Coregonus sp.)*, eine Felchenart, die als ausgezeichneter Speisefisch in fast allen Gasthäusern angeboten wird. Die Reinanken sind die wirtschaftlich bedeutendsten Fische des Salzkammergutes. Als schlechte Steiger kommen sie allerdings nur in den großen Flachlandseen in größerer Zahl vor. Untersuchungen mit fahrbaren Unterwasser-Videokameras haben ergeben, daß die Reinanken am Seegrund des Hallstättersees (in über 100 m Tiefe) riesige Schwärme bilden und dicht beieinander liegen.
Eingesetzt aus den baltischen Gewässern wurde die Maräne, eine Renkenart,

Nach langer Wartezeit erwischt: eine flinke Äsche.

Aufnahmen von Seesaiblingen gelingen nur selten, weil diese Fische schnell und scheu sind.

die aber etwas größer wird und auch in kalten Hochgebirgsseen gehalten werden kann.
Aale kommen in beachtlichen Exemplaren vor – sind jedoch ebenfalls Besatzfische. Im Mondsee und Attersee erreichen sie extreme Größen.
Die größten Fische des Salzkammergutes sind zweifellos die Hechte. Hier gilt insbesondere der Hallstättersee mit Fangexemplaren von ca. 1,5 m Länge als Dorado für UW-Fotografen.
Nicht weniger imposant sind die Größenangaben der Seeforellen. Über 1 m Länge erreichen diese Salmonidengiganten im Grundlsee, Altaussersee und Toplitzsee. Seeforellen sind Einzelgänger, die im Freiwasser auf Beute lauern. Aus besagtem Grund sind Aufnahmen dieser Spezies relativ selten.
An Flußeinmündungen und unterhalb kleiner Gefälle stehen Saiblinge oft in größeren Schwärmen. Forellen und Elritzen sind diejenigen Fische, die man auch noch in hochgelegenen Seen antrifft. Ausgesprochene Hochgebirgsfische sind unter anderem auch Rutten und Groppen.
Als echte Rarität gilt im Traun-, Atter- und Mondsee der Perlfisch *(Rutilus frisii meidingeri)*. Seine Stammform ist in den Brackwassergebieten des Schwarzen Meeres beheimatet. Über ihre Lebensweise herrscht weitgehend Unklarheit. Man weiß nur so viel, daß sich dichte Schwärme weitab vom Ufer in größeren Tiefen aufhalten. Einzelgänger leben aber auch das ganze Jahr hindurch in den Flachwasserzonen der Zu- und Abflüsse der Seen. Der Name Perlfisch wird aus dem Laichausschlag abgeleitet, der die Männchen in den Monaten April und Mai perlartig über Kopf und Rücken ziert. Perlfische zählen zu den Karpfenfischen; sie werden über 70 cm lang und erreichen ein Gewicht von mehr als 5 kg.
Nicht ursprünglich heimisch ist auch der Zander, der in den nahrungsreichen Salzkammergutseen zu ordentlicher Größe heranwächst. Dagegen bleiben die Schratsen (Barsche) unter Niveau. Woran das liegt, ist ungeklärt.
Größere Elritzenschwärme (auch Pfrillen genannt) trifft der Sporttaucher in der Uferregion zwischen der Flora oder über kiesigem Untergrund (Schotterlaicher), wo sich die winzigen Fischchen zu ganzen Wolken zusammenballen.
Gerade diese Flachzonen sind durch Taucher besonders gefährdet. Sie sollten deshalb tunlichst gemieden werden. Flachzonen sind Schutzzonen, da sie als Laichplätze und „Kinderstuben“ für die Tierwelt der Seen unersetzlich sind.
Wer Süßwasserfische essen will, ist im Salzkammergut an der richtigen Stelle. Die Berufsfischerei liefert sogar den in Deutschland kaum erhältlichen Grundfisch „Aalrutte“, geräuchert oder frisch. Seine jodhaltige Leber gilt als besondere Delikatesse. Die Aalrutte war früher aufgrund ihres hohen Jodgehaltes von der einheimischen Bevölkerung als Gesundungsmittel und Prophylaxe gegen Schilddrüsenkrankheiten geschätzt. Hauptabnehmer der frischen Süßwasserfänge ist die heimische Gastronomie.

Barben leben zwischen Geröll, im Unterholz und meistens gut getarnt.

Groppen sind im Salzkammergut nicht selten, doch übersieht man die kleinen Fische als Taucher, wenn man nicht genau hinschaut.

Höhlentauchen

Für Freunde dieses extremen und daher um ein Vielfaches gefährlicheren Hobbys bieten sich die Höhlen des Dachsteinmassivs geradezu an.
Eindringlich sei davor gewarnt, auf eigene Faust die weit verzweigten und eminent tiefen Höhlen erkunden zu wollen. Für das Betreten der meisten Höhlen ist zudem eine Genehmigung einzuholen, da nahezu alle Höhlen im Besitz der Bundesforste sind.
Die Anmeldung zum Höhlentauchen sollte deshalb aus Gründen der Sicherheit und zur Wahrung legaler Kontrollfunktionen in der Tauchschule Zauner oder beim Höhlenverein Hallstatt-Obertraun (Verwalter der Höhlen) erfolgen.
Anfänger werden in der Tauchschule Zauner auf das komplexe Gebiet des Höhlentauchens sorgfältig, umsichtig und behutsam in Theorie und Praxis vorbereitet. Dazu gehört auch die gezielte Fachberatung hinsichtlich der speziellen Ausrüstung sowie die Betreuung vor Ort mit Führung.
Um Unfälle, die meist einen tödlichen Ausgang haben, zu vermeiden, sind beim Höhlentauchen alle Aspekte wie Heldenmut, Ehrgeiz und überzogene Sportlichkeit abzulegen. Nur sehr erfahrene Taucher mit langjähriger Süßwasserpraxis sollten sich daher unter Einhaltung maximaler Sicherheitsreserven in die dunklen Stollen und Siphons wagen.
Der Beginn der Höhlenforschung im Salzkammergut datiert auf das Jahr 1910. Ausgangspunkt war der Ort Obertraun. Erst Ende der 40er Jahre wurden auch die Hallstätter aktiv und erforschten die Höhlen in der näheren Umgebung. Ungefähr 370 Höhlen umfaßt das Höhlenparadies Dachstein. Von den schätzungsweise viele 100 km langen Gängen mit unterirdischem Wildwasser und zahlreichen Siphons sind etwa 74 km erforscht, darunter die zweittiefste Höhle Europas, die „Mammut-Höhle“. Höhlenexperten in Hallstatt bewältigen derzeit in tiefen Schächten Höhendifferenzen von 400 m und mehr. Der z. Zt. bestehende Tieftauchrekord (mit Preßluft) in der Kesselhöhle liegt bei 65 m. Weitere Vorstöße sind nur mit Mischgasgeräten möglich. Der Kessel, die bekannteste mit Karstwasser gefüllte Höhle dieser Gegend, ist immer wieder Anziehungspunkt vieler Höhlentauchexkursionen.
Weitere im österreichischen Höhlenverzeichnis aufgenommene Karsthöhlen sind
a) Hirschbrunn
b) die Goldloch-Halbhöhle
c) das Bierloch
d) der Hirschbrunn-Quellstollen
e) der Goldloch-Stollen
In der Goldloch-Halbhöhle sind Felszeichnungen entdeckt worden. Ihr Alter wird auf ca. 4.000 bis 6.000 Jahre geschätzt.

Der je nach Jahreszeit unter Wasser stehende Hirschbrunnen-Querstollen wird auch die „rätselhafte Höhle“ genannt. Gulden und Kriegsmaterial aus dem 17. Jahrhundert sowie eine römische Münze, die man dort entdeckt hat, haben Anlaß zu mancherlei Spekulationen gegeben. Nach dem 2. Weltkrieg unternahm der Natur- und Heimatforscher Dr. Friedrich Morton Grabungen, die ein kleines Vorkommen von Mineralien und Halbedelsteinen vermuten ließen. Ob auch jemals Gold gefunden wurde, ließ sich nie schlüssig beweisen.
Wie weit die Karsthöhlen erforscht sind, geht aus den Skizzen und Beschreibungen der Höhlenforscher Abel, Fritsch, Heinrich und Leutner hervor, deren Planunterlagen beim Höhlenverein Hallstatt-Obertraun oder in der Tauchschule Zauner zur Einsicht aufliegen.

Merke:

Höhlentauchen ist extremes Tauchen. Alle Höhlenbegehungen müssen mit äußerster Sorgfalt geplant und zur eigenen und anderer Sicherheit angemeldet werden.
Erhöhte Risikobereitschaft, verdrängte Angst, unberechenbarer Leichtsinn, falsch verstandener Heldenmut, Selbstüberschätzung, mangelhafte Ausrüstung und eine gravierende Unkenntnis der Sparte Höhlentauchen führen nur allzu schnell zu Unfällen.
Das Tauchen in Höhlen ist kein sonntägliches Vergnügen für bürogestreßte Amateurtaucher! Es ist vielmehr die ernsthafte Ausübung einer Freizeitbeschäftigung, zu der man eine grundsolide Ausbildung und ein ausgeglichenes Nervenkostüm benötigt. Wer unter Klaustrophobie leidet (und das sind mehr Menschen als man denkt!), darf niemals einen Siphon untertauchen!
Jeder Sporttaucher mit Ambitionen zum ewigen Dunkel der Höhlen möge selbst prüfen, warum, weshalb und zu welchem Zweck er das will. Das Eingeständnis der eigenen Angst ist beim Höhlentauchen der wirkliche Mut.

Geheimnis Toplitzsee

Er ist der wohl mit den meisten Mythen behaftete See der Welt. Eine Allegorie des Geheimnisvollen, Rätselhaften und Unheimlichen. Umgeben von den steilen Bergen des Toten Gebirges fallen seine Ufer stellenweise bis ins Bodenlose hinab. 103 Meter soll er an seiner tiefsten Stelle sein, doch hartnäckig hält sich das Gerücht, er sei in Wirklichkeit viel tiefer, so um 120 Meter und mehr.

Der Toplitzsee ist ein meromiktisches Gewässer, was bedeutet, daß ein turnusmäßiges Umwälzen der Wasserschichten entfällt. Schon der Seenforscher Franz Ruttner hatte in seinen Untersuchungen festgestellt, daß aufgrund der besonderen Seenlage ein Durchmischen des Wassers bis in große Tiefen nicht möglich ist. Die Wasserschichten stagnieren und sind infolge der Unbeweglichkeit sehr alt. Bodenproben vom Grunde des Sees haben ergeben, daß versunkene Blätter und Bäume ein Alter von 10.000 und mehr Jahren erreicht haben. Ein nennenswerter Verwesungs- und Vermoderungsprozeß hatte nicht stattgefunden. Der in der Abgeschiedenheit einsamer Bergwelt liegende und nur durch einen schmalen Wald- und Wiesenweg erreichbare Toplitzsee erwies sich schon während der NS-Zeit im Salzkammergut als ideales Basisgewässer für Versuche mit angeblichen Wunderwaffen und als nasser Tresor für Top-Secret-Material.

Begonnen hatte die braune Vergangenheit des Rätselsees während des 2. Weltkrieges, als von 1943 bis 1945 am benachbarten Grundlsee in der Villa Castellione, einem kleinen Seeschloß, die Geheime Marineversuchsstation des Deutschen Reiches unter Leitung von Dr. Hans Keller errichtet wurde. Für die praktische Erprobung der Wunderwaffen bot sich der in tiefen Wäldern versteckte Toplitzsee geradezu an. Gigantische Explosionen müssen dieses Gewässer erschüttert haben. Die größte verbürgte Ladung war eine Bombe mit 4.000 kg Sprengstoff. Die Spuren sind unübersehbar. Gewaltige Baumriesen wurden, wie von Riesenhand gepackt, einem Halmaspiel gleich im See verteilt. Gespaltene Wurzeln, abgerissene Äste, zerstückelte Tannen und metertiefe Krater geben dem Toplitzsee aus heutiger Sicht ein fantastisches Tauchflair. In der Uferzone bei den Fischerhütten liegen noch immer die Abschußrampen für Flugkörper und Raketen mit Propagandamaterial.

Auch die Erprobung neuer Sprengstoffmischungen (Granatfüllung 80) mit einer vollkommen unbekannten Sensibilität wurde hier durchgeführt. Da immer noch derartige hochexplosive Sprengsätze im See liegen, muß vor jeglicher Berührung von unbekannten Objekten gewarnt werden. Das Tauchen im Toplitzsee ist nicht gefährlich – gefährlich wird es erst, wenn sich Laien auf die Suche nach Kriegsmaterial machen. Das ganze Ausmaß der Versuche ist bis heute nicht geklärt. Torpedos, Wasserminen und die Vorläufer der legendären V 1 und V 2 sollen hier getestet worden sein.

Tauchen im See der Seen. Riesige Baumstämme und ein mystisches Licht geben dem Toplitzsee ein geheimnisvolles Flair.

Vermutlich liegen noch waffentechnische Raritäten en gros in den dunklen Abgründen des Sees.
Gegen Ende des 2. Weltkrieges versammelte sich der harte Kern der SS im Schlößchen Grundlsee, um gemeinsam auf den Endsieg zu warten. Als der Zusammenbruch des nur 12 Jahre dauernden 1.000jährigen Reiches immer näher rückte, kam Bewegung in die Stille der Bergwelt. Geheimnisvolle Konvois und Lkw-Kolonnen bewegten sich im April 1945 in Richtung Toplitzsee. Die wenigen Anwohner der Ortschaft Gössl wurden evakuiert. Hermine Kösterl, eine Bauersfrau, versteckte sich in einer Scheune und konnte beobachten, wie Kisten auf Pferde- und Ochsenwagen verlagen und in Richtung Toplitzsee gebracht wurden. Als einzige Bewohnerin des Ortes wurde die Bäuerin Ida Weißenbacher von den SS-Truppen mit dem Einspannen der Rösser beauftragt. Sie mußte auch aktiv beim Verladen der Güter mithelfen. Als eine der Kisten vom Wagen fiel und aufsprang, fielen Waffen auf den Boden. Die Verladetätigkeit soll Tage gedauert haben. Lückenhaft sind insbesondere die Angaben über die Anzahl der Kisten (es sollen über 30 gewesen sein), die im Toplitzsee versenkt wurden, da keiner der Zeugen direkt beteiligt war. In den Nachkriegswirren gerieten die Fakten in Vergessenheit, um dann gegen Ende der 40er Jahre in wilden Gerüchten zu kulminieren. Da war die Rede von geheimem Kriegsmaterial, Kisten mit Unmengen von Gold, und auch der ungarische Kronschatz läge im See... Verdichtet hatte sich auch die Vermutung, der geheimnisvolle NS-Schatz (ca. 60 Tonnen Gold) sei im Toplitzsee an geheimer Stelle versenkt worden. Man erinnerte sich wieder des unbekannten US-Soldaten, der 1946 im Toplitzsee beim Tauchen sein Leben ließ. Wollte er das Geheimnis des Sees ergründen? Die Rätsel wurden immer größer. Und plötzlich stieß man auf einen gewissen Carl Horn, ehemaliger SD-Mann vom Schlößchen Grundlsee. Er war nach dem Ende des Krieges nicht geflüchtet, sondern blieb bis zu seinem Tod 1955 als sog. Gralshüter des NS-Schatzes im Ortsteil Klein-Gössl zurück. Horn konnte von seiner Wohnung aus die einzige Zufahrtsstraße zum See kontrollieren, war fast täglich an den Ufern des Toplitzsees anzutreffen und wurde von Einheimischen auch beim Markieren imaginärer Fundstellen beobachtet. Nachforschungen haben ergeben, daß Horn jeden Monat seltsame Geldüberweisungen aus Hamburg bezog, von denen er seinen Lebensunterhalt bestritt. Nach dem Tod von Carl Horn wurden die Überweisungen eingestellt. Der unbekannte Adressat konnte nie ermittelt werden.
Dann wurde die Aktion „Stern" gestartet. Nachdem die Gerüchte um den Toplitzsee kein Ende nehmen wollten, stiegen am 27.7.1959 Taucher im Auftrag des Hamburger Magazins „Der Stern" in den Rätselsee hinab. Was sie fanden, schlug wie eine Bombe ein. Kistenweise förderten die Schatzsucher falsche Englische Pfundnoten zu Tage. Auch die dazugehörigen Druckplatten wurden geborgen. Was lange vermutet wurde, fand nun seine Bestätigung: Die

Naturparadies Toplitzsee.

Nur mit einem Boot kommt man in den hinteren Teil des Toplitzsees mit seinem Quellkrater und den versunkenen Riesenbäumen.

Nazis hatten versucht, mit Hilfe gefälschter Pfundnoten das britische Wirtschaftssystem zu ruinieren. Falschgeld im Wert von über 80 Millionen DM wurde gefunden, aber wo war das Gold?
Auch die Befragung des ehemaligen Obersturmführers und Leiters des Balkanreferates im Amt VI des Sicherheitsdienstes Ausland, Dr. Wilhelm Höttel, ergab keine Hinweise. Höttel: „Warum die Kisten im Toplitzsee versenkt wurden, weiß ich nicht. Vermutlich war nicht in allen Falschgeld, es könnte aber sein, daß Geheimakten des Unternehmens ‚Bernhard' verschwinden sollten." Die Sache wurde immer verworrener. Aktion „Bernhard" –? Recherchen ergaben, daß während des Krieges aus dem KZ Sachsenhausen Top-Grafiker, Banknotenexperten, Graveure und Metallurgen ausgesucht wurden, mit der Absicht, die rekrutierten Geldfälscher für die Herstellung von Ausweisen, Stempeln, Urkunden, Dokumenten und Blüten abzustellen.
Chef der Falschgeldaktion wurde der SS-Führer Bernhard Krüger. Die komplette Fälscherwerkstatt wurde aus dem Reichssicherheitsamt in Berlin an den Grundlsee in die Villa Goebbels geschafft, den Sommersitz des Reichspropagandaministers. Und eben diese Villa Goebbels war das Schlößchen Grundlsee. Der Konvoi im April 1945 sollte also die größte Falschgeldaktion der Geschichte vertuschen. Die Blüten waren so perfekt gelungen, daß sie sogar von der Bank of England für echt erklärt wurden. Die Aufregung der Behörden war verständlich, echte Blüten, das gab's noch nie! Hatte man alles Geld gefunden oder war noch mehr im See? Vor allem, war auch alles versenkt worden, und wo war der Hitlerschatz? Über den Toplitzsee wurde ein generelles Tauchverbot verhängt, als zudem bekannt wurde, daß im See Behälter mit schwerem Wasser (wird für die Herstellung von Atombomben verwendet) sowie Dokumente und Listen von geheimen Nummernkonten in der Schweiz und Angaben der Verfügungsberechtigten ruhen sollen. War die Geheime Marineversuchsstation letztendlich gar eine Forschungsstätte zur Herstellung von Kernwaffen? Rätsel über Rätsel.
Der unheimliche See, wie er mittlerweile genannt wurde, zog trotz des Tauchverbotes oder vielleicht gerade deshalb Abenteurer und Glücksritter aller Couleur an. Die Jagd nach dem Reichsschatz begann. Heimlich wurden edelsteinbesetzte SS-Ehrendolche geborgen, und ein im Salzkammergut bekannter Schatztaucher will gar zwei kiloschwere Goldkegel gefunden haben.
Mangelhafte Ausrüstung und fehlende Erfahrung im Tieftauchen kosteten schließlich 1963 den Münchener Sporttaucher Alfred Egner das Leben, als er in 65 Meter Tiefe nach dem Schatz grub. Der von ehemaligen NS-Größen zu diesem Abenteuer verleitete Egner hatte mit seiner Primitivausrüstung nicht den Hauch einer Chance. An einem Seil hängend wurde er von seinen Begleitern vom Boot aus in die Tiefe hinabgelassen. Als er kein Lebenszeichen mehr von sich gab, kappten die Helfer das Seil und flüchteten in die BRD zurück, von wo aus sie die Behörden informierten. Trotz eines Prozesses, in dem

Egners Adjutanten wegen fahrlässiger Tötung angeklagt wurden, konnten die Hintergründe dieses Unglücks nicht eindeutig geklärt werden.
Den österreichischen Behörden wurde nun das Treiben in und um den See zu bunt. Um ein für alle Mal die Sage vom NS-Schatz zu widerlegen, sollte in einer Großaktion der gesamte See geräumt werden. Man fand wieder Unmengen von Pfundnoten und ganze Waffenarsenale. Und man hatte das Gegenteil erreicht! Der Toplitzsee war wieder Mittelpunkt der Weltpresse. Ein Anziehungspunkt für Touristen und Taucher. Letztere stiegen wieder heimlich ins Wasser, nachdem Meldungen bestätigt wurden, es längen noch mindestens 20 Kisten mit Falschgeld und die nahezu komplette Fälscherwerkstatt im See, inklusive wasserdicht verschweißter Kleinbehälter mit Geheimakten, KZ-Listen und Hinweise auf das Nazi-Gold. Die panische Angst der Behörden, es könnten gar Dokumente gefunden werden, die beweisen könnten, daß ehemalige NS-Führer schon wieder oder immer noch in hohen Ämtern tätig seien, verbot logischerweise den offenen Zutritt zum See. Nicht auszuschließen waren auch Unfälle, die auf Kontakte mit gefährlichem Kriegsmaterial zurückzuführen sind. Inzwischen gaben sich nämlich tauchende Waffennarren aller Herren Länder am Toplitzsee die Hand.
Im Oktober 1978 entdeckte der Gastronom und Tauchlehrer Gerhard Zauner aus Hallstatt in 70 m Tiefe Kisten und Metallfässer, an denen viereckige Behälter angebracht waren. Gleichzeitig fand Zauner noch drei Hochseeminen, von denen eine mit 120 kg TNT gefüllt war – sprengbereit. Welche Explosivwaffen noch in zündfähigem Zustand in der dunklen Tiefe liegen, weiß niemand. Die größten gehobenen Detonationskörper waren mit mehr als 200 kg TNT-Sprengstoff geladen.
Einige Jahre lang war es dann etwas stiller um den Toplitzsee, bis Sporttaucher in großer Tiefe einen menschlichen Fuß entdeckten – fast unversehrt. Der Rummel um die „Sphinx der Alpen" entbrannte aufs neue. Nun entschloß sich das renommierte Magazin „Geo" im Sommer 1983, den mysteriösen Geschichten endgültig auf den Grund zu gehen. Mit Hilfe des bekannten Meeresbiologen Prof. Dr. Hans Fricke wurde das Geo-U-Boot konzipiert und gebaut. Ausgelegt für eine Maximaltiefe von 400 m, mit Lebensmitteln und Trinkwasser für 14 Tage und einem Luftvorrat für ca. 3 Wochen stach der Forscher in die schweigende und dunkle Tiefe des Toplitzsees.
Die als wissenschaftliches Unternehmen gedachte Aktion rief alsbald die Regenbogenpresse auf den Plan. Sensationsreporter aus allen Teilen der Welt belagerten den See. Der mit Recht verärgerte Dr. Fricke lehnte die Zusammenarbeit mit dem Boulevard-Journalismus kategorisch ab. Doch den Makel des Alpensee-Schatzgräbers konnte er nicht ablegen. Es war auch schwer verständlich zu glauben, daß die Geo-Redaktion mehr als eine Viertelmillion DM investierte, nur um einen kleinen Wurm zu suchen, den Dr. Fricke schließlich in fast 100 m Tiefe lokalisieren konnte. Steckte also mehr dahinter? Die

Gerüchteküche war dem Überschwappen nahe, als bekannt wurde, daß Dr. Fricke anonyme Telefondrohungen erhalten hatte, er solle sich aus der Sache heraushalten. Waren vielleicht einflußreiche Ex-Nazis die unbekannten Anrufer? Heute steht fest, daß die Aktion „Geo" ein wesentlicher Schritt zur Klärung vorhandener Spekulationen war. Zwar konnte auch Dr. Fricke den sagenumwobenen Hitler-Schatz nicht finden, aber daß der Toplitzsee zum Mülleimer der Nazis erkoren wurde, steht nun eindeutig fest. Es ist schon beinahe unglaublich, was dieser Bergsee schlucken mußte: Handgranaten (teilweise in der Uferzone), Stahlhelme, Gewehre, Munitionskisten, Standarten, Minen, Granatwerfer, Flakgeschütze, Torpedos, Raketen, Propagandamaterial, Hitlerbüsten, Bajonette und geheimes Kriegsmaterial.

Die Wogen überschlugen sich, als Dr. Fricke in der Tiefe ein Flugzeug fand, in dessen Cockpit noch der tote Pilot saß. Alle Beteuerungen des Tiefseeforschers, er habe nur noch Fragmente entdeckt und diese aus Pietätsgründen nicht fotografiert, halfen nichts. Experten identifizierten den versunkenen Flug-Torso schließlich als deutsche Kuriermaschine vom Typ Junkers W 34. Dann erkundigten sich seltsame Spaziergänger nach Details des Flugzeuges. Die geheimnisvollen Unbekannten korrigierten die Angaben mit der Feststellung, es handle sich nicht um den Typ W 34, sondern um die W 33. Waren ehemalige Fliegerveteranen des 2. Weltkrieges am Toplitzsee oder hatte alles einen tieferen Sinn? Die Angaben der namenlosen Besucher waren derart präzise, daß nur potentielle Mitwisser dieses Absturzes in der Lage sein konnten, solche Aussagen zu machen. Demnach handelte es sich bei dem Toten im Flugzeug um den Luftwaffenoffizier Walter Pöhling aus Castrop-Rauxel. Angehörige konnten nicht gefunden werden. Die Spur der Mutter verlor sich schon in den 50er Jahren, als sie unbekannt verzog. War Pöhling Geheimnisträger? Hatte er das Hitler-Gold im See versenkt? Warum stürzte er ab? Sabotage oder Unglück? Fragen über Fragen...

Inzwischen arbeitete der Wissenschaftler Dr. Fricke an der Klärung wesentlicher biologischer, morphologischer und limnologischer Fragen. Doch mit jeder Problemlösung tauchten parallel neue Rätsel und Unklarheiten auf. Dr. Fricke stellte fest, daß in 20 m Tiefe die Sauerstoffmischung aufhört und die Populationsdichte aller Lebewesen schon ab 10 m Wassertiefe drastisch zurückgeht. Die anaerobe (sauerstofflose) Zone erstreckt sich von ca. 30 m Tiefe bis zum Grund. Wie der unbekannte Wasserwurm am Grunde des Toplitzsees überlebt und vor allem, wovon er lebt, ist ebenfalls mehr als rätselhaft. Insbesondere, nachdem man entdeckte, daß die unteren Wasserschichten eine Salzkonzentration von ca. 17 ‰ aufweisen – viermal mehr als Meerwasser. Die 100 %ige Sauerstoffarmut verhindert überdies die Zersetzung jeglicher Rückstände floralistischer und faunistischer Elemente; also eine ideale Umgebung für das Einlagern von Geheimakten, Geldscheinen und Wertstücken? Waren diese Erkenntnisse auch den Nazis schon bekannt?

Zwischen 70 m und 90 m Tiefe entdeckte Dr. Fricke weißliche Wolken – Schwefelbakterien. Widerlegt wurde die Sage vom doppelten Boden, nach der im See eine schwimmende Decke aus Baumstämmen, Holz, Laub und Moder den direkten Zugang zum Grund versperren soll. Die Annahme, daß alle Schwebestoffe und Fremdkörper über der Salzschicht treiben sollen, hat sich nicht bestätigt. Woher wußten aber unsere Vorfahren von der angeblichen Sole, die sich in großer Tiefe befinden muß?
Erstaunen und Ungläubigkeit riefen auch Temperaturmessungen des Forscherteams hervor, die eine gleichmäßige Temperatur von 6 °C von der Sprungschicht abwärts bis fast zum Grund ergaben. Direkt über dem Seegrund liegt die Wassertemperatur konstant um 0,1 °C höher. Ob eine gigantische Therme den See aufheizt, konnte nicht festgestellt werden.
Der Name Toplitzsee stammt aus dem Keltischen und bedeutet dort Therme. Wie aber konnten die Kelten eine Tieftherme eruieren? Gänzlich widersprüchlich wird die Angelegenheit, wenn man weiß, daß warmes Wasser immer zur Oberfläche hochsteigen muß, also eine Durchmischung der Wasserschichten von unten her physikalisch gegeben sein müßte, trotz der höheren Wasserdichte in den Salzschichten. Allein die Anomalie der Temperaturkonstanz über fast 90 m Wassersäule hinweg ist in ihren Ursachen nicht deutbar.
Fraglich wird auch bleiben, ob die geheimnisvollen warmen Quellen wirtschaftlich nutzbar gemacht werden können. Thermodynamiker und Wasserwirtschaftler halten das Konzept einer unterseeisch naturell betriebenen Wärmepumpe derartigen Ausmaßes für sehr problematisch. Der Toplitzsee gefriert überdies im Winter ganz zu, trotz der warmen Quellen. Es sind weder Eislöcher noch unterschiedlich dicke Eisschichten nachgewiesen worden.
Sonnenlicht dringt in den See bis zu einer Tiefe von 35 m hinab. Bakterienschwärme, aus großen Tiefen an die Oberfläche gebracht, färbten sich rot und starben ab. Undefinierbare Algenarten in allen nur möglichen Farben von Gelb, Grün, Braun über Zartrosa bis hin zu Hell-Violett hängen in meterlangen Fäden von Bäumen und Felswänden. Die fragilen Strukturen gewaltig dimensionierter Schleimalgenwälder gehören zum Schönsten, was ein Sporttaucher im Süßwasser sehen kann.
Doch Dr. Fricke fand neben esotherischen Blaualgenkolonien auch wieder Überbleibsel der braunen Vergangenheit. In über 80 m Tiefe fotografierte er aus dem Geo-U-Boot heraus Unmengen von Kisten mit Falschgeld, Druckplatten und Geldfälscherwerkzeug, Waffen und Sprengstoff. Seinen Angaben zufolge liegen die umstrittenen Funde aber so tief, daß mit Preßluftatmung keine Chance auf eine Hebung besteht. Viele der NS-Relikte wurden im Laufe der Jahre von Schlamm überdeckt und von einer dichten Laubschicht umhüllt. Die bunten Farben der versunkenen Herbstblätter sind unverändert kräftig, die Struktur und Konsistenz ohne Fäulnisbefall. UW-Lawinen, die an Steil-

wänden niedergehen, beschleunigen den Verdeckungsprozeß. Der feine, mulmige Schlamm am Seegrund erschwert zudem ein gezieltes Suchen und Bergen von Gegenständen. Sedimentwolken und die latente Gefahr zündfähiger Sprengkörper machen jedes von Laien durchgeführte Bergungsunternehmen zum Russischen Roulette. Von den Behörden ist außerdem geplant, in allen von Sporttauchern erreichbaren Tiefen den Toplitzsee komplett von Kriegsmaterial und angeblichen SS-Reliquien zu säubern. Dahinter steckt sicherlich auch die Absicht, mit dieser Aufräumaktion den Mythos des NS-Schatzes zu brechen oder gar diesen endlich zu finden.

Ob sich der Toplitzsee seine Geheimnisse allerdings entreißen läßt, scheint zweifelhaft. Zu verstrickt und verschwommen sind die Geschichten um das dunkelgrün schimmernde Gewässer, zu extrem, zu problematisch und aufwendig sind die Bergungsunternehmen, zu schlecht und ungeeignet ist der Zugang zum See, zu wage und unsicher sind auch die Angaben über die Fundstellen. Doch 60 Tonnen Nazi-Gold können nicht einfach verschwinden. Mitwisser und Überlebende bewachen nicht wegen einiger verrosteter Stahlhelme den Zugang zum See, Drohungen werden nicht immer aus purem Übermut ausgesprochen, und kein Mensch weiß, ob nicht die Vermutung zutrifft, daß die Geldkisten im Toplitzsee nur vom eigentlichen Fundort des Goldes, nämlich dem im Grundlsee vor der Villa Roth, der ehemaligen Villa des Reichspropagandaministers Goebbels, ablenken sollen. Vielleicht wäre es ergiebiger, dort zu suchen.

Und der Toplitzsee schweigt; geheimnisvoll, unheimlich, dunkel und triumphierend. Eine Sphinx der Alpen – unergründlich in vieler Beziehung.

Dunkles Grün hüllt den Taucher ein, es beginnt ein faszinierender Tauchgang durch die geheimnisvolle Welt des Toplitzsees.

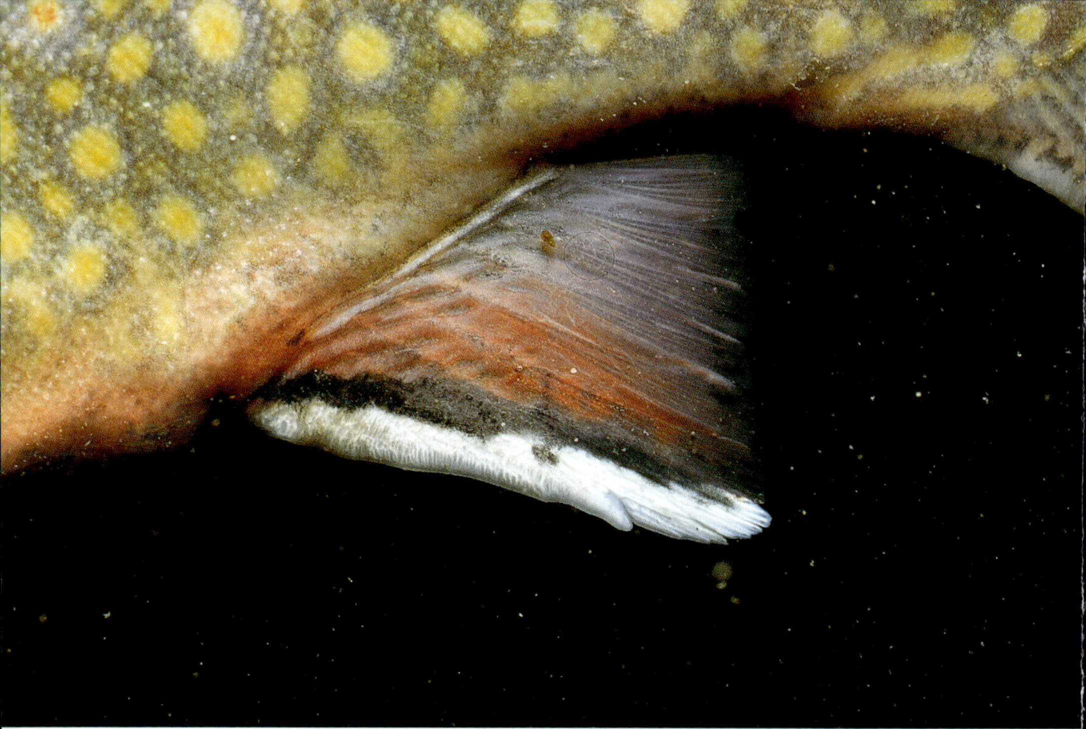

Farbenprächtige Afterflosse eines Bachsaiblings.

Brustflosse eines Giebel.

Auch beim Seesaibling ist die Afterflosse rot eingefärbt.

Schillernde Brustflosse einer Äsche.

Deutsche Wertarbeit
– Das Geheimnis der Englischen Pfundnoten aus dem Toplitzsee –

Die Geschichte kam ins Rollen, als der Gastwirtssohn Gerhard Zauner aus Hallstatt im Salzkammergut in den 60er Jahren bei einem Tauchgang im Toplitzsee die Entdeckung seines Lebens machte. In nahezu mörderischer Tiefe tauchend fand der als „Lederhosenfroschmann" und „Unterwasser-Rübezahl" bekannt gewordene Haudegen (roter Wikingerbart, 230 Pfund Lebendgewicht) in den dunklen Fluten eine Kiste mit Englischen Pfundnoten. Das Glück war ihm hold – er überlebte den Gewaltakt der Bergung und brachte als Dreingabe auch noch verschiedene Druckplatten mit ans Tageslicht.
Untersuchungen von Platten und Geldscheinen bestätigten einen lange gehegten Verdacht. Die Machthaber und Macher des Dritten Reiches wollten mit gefälschten Pfundnoten die britische Währung schwächen und gleichzeitig ihren dahinsiechenden Devisenbedarf decken.
Robert Bartsch, ehemals Prokurist der Büttenpapierfabrik Hahnemühle in Dassel (Kreis Northeim) und letzter Überlebender der Falschgeldaktion, erinnert sich: „Der damalige Direktor der Hahnemühle, Richard Schüll, wurde 1941 vom Reichssicherheitsamt aufgefordert, nach Berlin zu kommen. Es lag strengste Geheimhaltung vor. In Berlin eröffnete man dem Geldfachmann, daß das Deutsche Reich dringend Devisen benötige."
Mit der Übergabe einiger Pfundnoten wurde Schüll ultimativ angewiesen, alles Menschenmögliche zu tun, die englische Währungseinheit „Pfund" in den gebräuchlichsten Werten zu fälschen. Und zwar so zu fälschen, daß die Blüten bei Vermischung mit dem echten Geld weder von der Bank of England noch von den „Fälschern" selbst wiedererkannt werden konnten.
Die „Aktion Bernhard" – wie das Unternehmen genannt wurde – avancierte mit Hilfe der Reichsbehörden zur größten und perfektesten Falschgeldkampagne aller Zeiten. An Sorgfalt und penibler Arbeitsweise wurde alles bisher Dagewesene übertroffen. Zuerst ging man an die Analyse des Papiers, die den Dasseler Papierexperten ungeahnte Schwierigkeiten bereitete. Neben den zwecks Reißfestigkeit der Geldscheine üblichen Leinenfasern enthielten die Pfundnoten auch Fasern eines in Europa unbekannten Grases. Chemiker und Biologen knackten schließlich dieses Schloß – es waren die Fasern des Ramie-Grases, einer Pflanze aus Zentralchina. Das Reichssicherheitsamt beschaffte letztlich durch Agenten und Mittelsmänner größere Mengen dieser ausgefallenen Komponente. Ein anderes, nicht weniger kompliziertes Sicherheitsmerkmal der Pfundnoten war das mehrstufige Wasserzeichen in exzellenter Ausführung, wie Robert Bartsch es formulierte. Eine Spezialfirma entschlüsselte schließlich im Auftrag des Reichssicherheitsamtes den „Fingerabdruck" der Pfundnoten.

Falschgeld und Druckplatte aus dem Toplitzsee.

Robert Bartsch kümmerte sich derweil um das Papiergewicht pro Kubikzentimeter, ermittelte den Aschegehalt der Banknoten, stellte Leim- und Glättegrad fest und analysierte die Zusammensetzung des zu verarbeitenden Papierbreies. Auch um die unsichtbaren Fangfallen wurde gekämpft. Man fand schließlich heraus, daß auf den Scheinen eine kräftige Fluoreszenz zu sehen war, wenn das Papier mit UV-Licht bestrahlt wurde.

Als alle Geheimnisse enthüllt waren, wurden die Geldexperten des Deutschen Reiches zusammengeholt. Papiermacher der Hahnemühle zog man von den Kriegsfronten ab, aus Gefängnissen und Konzentrationslagern rekrutierte man Spitzengrafiker und Geldfachleute, aus Strafeinheiten wurden professionelle und bereits verurteilte Geldfälscher zurückgerufen – sogar unter den Kriegsgefangenen forschte man nach Währungsexperten. Nach Fertigstellung der Schöpfformen für die Werte 5, 10, 20 und 50 £ lief dann Anfang 1943 an drei Bütten die Papierherstellung zur Fälschung der Pfundnoten an. Teile der Blütenproduktion wurden von Druckereien des KZ Oranienburg ausgeführt. Jeder Originalbogen umfaßte acht Banknoten. Und auch daran hatte man gedacht: Um „echte“ Notenränder zu erhalten, wurden die Bögen nur mit halbscharfen Messern geschnitten und anschließend die Blüten künstlich gealtert (Knickstellen, Schmutz, Abnutzungen).

Nun konnten Spione und Agenten wieder ausreichend mit Fremdwährung versorgt werden. Die Kriegsplaner waren in der Lage, wichtige Rohstoffe zu bezahlen, die Geheimdienste hatten endlich die ersehnten Devisen zur Verfügung.

Das Ende der „Aktion Bernhard“ wurde eingeläutet, als man Druckstöcke, Druckplatten, Maschinen und Geldkisten in das Salzkammergut verlegte. Im sagenumwobenen Toplitzsee am Fuße des Toten Gebirges versenkten die flüchtigen SS-Schergen die Tatwerkzeuge. Trotz wiederholter Bergungsaktionen ruhen in der schwarzen Tiefe dieses renommierten Gewässers noch Millionen von £-Noten. Ihr Wert ist heute mehr ideeller Art, steigt aber dennoch ständig.

Die„echtesten“ Blüten, die jemals gemacht wurden – auch ein Stück deutscher Geschichte, mit einem Hauch von Geheimnis, Mysterium und ein klein wenig Stolz. Schließlich kann kein Mensch auf der Welt beweisen, daß sie wirklich falsch sind…

Biotopgerechtes Tauchen*

Vorsicht und Umsicht sind das Einmaleins des Süßwassertauchens. Das Schonen der Flora gehört mit zu den Grundregeln eines jeden Unterwasserbesuches. Im Uferbereich nicht hektisch wedeln und paddeln, um Schleimalgen vorsichtig herumschwimmen, Bodenflora langsam übertauchen und bei Grundkontakt mit Jacket und Trockentauchanzug umsichtig und behutsam tarieren. Überhaupt muß das Tarieren wie aus dem „Effeff" beherrscht werden. Tarierübungen werden daher niemals im Uferbereich und auch nicht in kleinen Gewässern geübt, weil dadurch der Seegrund unnötig in Mitleidenschaft gezogen wird. Fotografen, die ihrem Hobby in dichtbewachsenen Flachzonen nachgehen, sollten die Flossenbänder herumdrehen, so daß die Schnallen nach innen gerichtet sind. Den Pflanzen wird dadurch größtmögliche Schonung beim Flossenschwimmen entgegengebracht.
Zur Rücksichtnahme auf das Biotop gehört es auch, daß jegliche Wühl- und Grabetätigkeit in bewachsenen Uferbereichen unterlassen wird. Es zeugt keineswegs von einem ausgeprägten Umweltbewußtsein, wenn zwischen herrlichen Uferpflanzen dazu noch unerlaubt nach Altem gesucht wird.
Es soll an dieser Stelle auch ausdrücklich darauf hingewiesen werden, daß historische oder gefährliche Fundstücke, z. B. Waffen etc., gemeldet werden müssen. Die Fundstelle ist zu markieren (Boje o. ä.), und es ist umgehend die nächste behördliche Stelle (Gendarmerie) zu benachrichtigen. Grundsätzlich gilt, daß Fundstücke nicht selbsttätig geborgen werden dürfen. Diese restriktiven Maßnahmen sind verständlich, wenn man weiß, daß der Archäologie unkundige Sporttaucher beim laienhaften Suchen und Bergen solcher Funde mehr Unheil anrichten können als ihre noch so gut gemeinte Hilfe wert ist.
Absolutes Tauchverbot herrscht in den sog. Kulturschutzzonen, unter die ohne Ausnahme Pfahlbaudörfer fallen. Pfahlbaudörfer sind österreichisches Kulturgut. Neue Fundstellen sind sofort dem Bundesdenkmalamt zu melden, das dann entsprechende Maßnahmen ergreift – oftmals mit Hilfe von historisch bewanderten und interessierten Sporttauchern. Hinweise auf Fundstellen werden dankend entgegengenommen. Raubtauchen in Kulturschutzzonen wird unnachsichtig bestraft. Der wirkliche Sporttaucher verhält sich so, daß er dem Tauchsport nicht schadet, sondern unser gemeinsames Hobby, „das Süßwassertauchen", mit lauteren Absichten und einer gewissen Selbstdisziplin ausübt.

*Besonderer Dank gilt Herrn Johann Offenberger für wichtige rechtliche und verfahrenstechnische Hinweise.

Schuppen sind die Fingerabdrücke der Fische,
oben: Rotauge, unten: Güster.

Form und Größe der Schuppen sind von Art zu Art verschieden, oben: Hasel, unten: Schuppenkarpfen.

Waffen und Antikes

Die Salzkammergutseen waren Schatzkammern in bezug auf Waffenfunde. Bedingt durch die hohe Konzentration deutscher SS-Truppen in diesem Gebiet erwiesen sich die Gewässer, was Fundstücke aus der NS-Zeit anbetrifft, als äußerst ergiebig.

Fundorte von Kriegsmaterial wie Waffen und Munition sind zu markieren und der Fundort der nächstgelegenen örtlichen Gendarmerie zu melden. Taucher, die anonym bleiben wollen, können die Fundstelle auch telefonisch oder schriftlich angeben. Im Bedarfsfall übernimmt die zuständige Tauchbasis die Meldepflicht.

Wo viele Seen und steile Berge – da viel Abfall im Wasser. Wo hätten die Einheimischen ihren Müll auch hintun sollen? In der Nähe von Wohnsiedlungen, Dörfern und Städten taucht man daher nicht selten über jahrhundertealten Hausrat von mehr oder weniger ideellem Wert. Töpfe, Pfannen, Bügeleisen, Keramikkrüge, Ofenkacheln, Bärenfallen, mundgeblasene Flaschen, alte Exorzistenpuppen, mittelalterliche Operationsbestecke, Messer, Löffel, Blechgabeln, Handwerkszeug aus Salinen, alte Uhren und bäuerliches Allerlei aus Küche und Hof ruhen im mulmigen Schlamm der Bergseen.

Die „Mülldeponien“ in den Seen, oft Jahrhunderte, manchmal Jahrtausende (Hallstatt) alt, sind künftige Fundgruben für die mittelalterliche Realienkunde (Institut der Österr. Akademie der Wissenschaften) und Volkskunde. Die zuständigen Institute sind bereits an das Bundesdenkmalamt mit dem Ersuchen herangetreten, Maßnahmen zum Schutz auch dieser Fundstellen zu veranlassen. Das Denkmalschutzgesetz setzt keine Grenze nach oben fest. Das Gesetz findet Anwendung für alle beweglichen und unbeweglichen Gegenstände von geschichtlicher, künstlerischer und kultureller Bedeutung, wenn deren Erhaltung im öffentlichen Interesse gelegen ist. Die Entscheidung, ob ein derartiges Interesse besteht, liegt ausschließlich beim Bundesdenkmalamt. Ich erinnere in diesem Zusammenhang an die auch in Deutschland vorhandenen Bestrebungen der Industriearchäologie und Industriedenkmalpflege, die bereits Objekte des 20. Jhrdts. erfaßt.

Merke: Wer nichts anfaßt, hilft am meisten, die Seen und ihr verborgenes Kulturgut zu erhalten.

Orden und Embleme aus der NS-Zeit zählen zwar nicht zum österreichischen Kulturgut. Trotzdem ist bei letzteren ein gewisser Verhaltensmodus angebracht, da Glorifizierung und öffentlicher Aushang von Führerskulpturen, Hakenkreuzinitialen und Standarten verfolgt und bestraft wird. Das Konfiszieren von NS-Fundstücken ist dann obligatorisch.

Embleme, Orden und Auszeichnungen liegen noch in großer Zahl in den Salzkammergutseen.

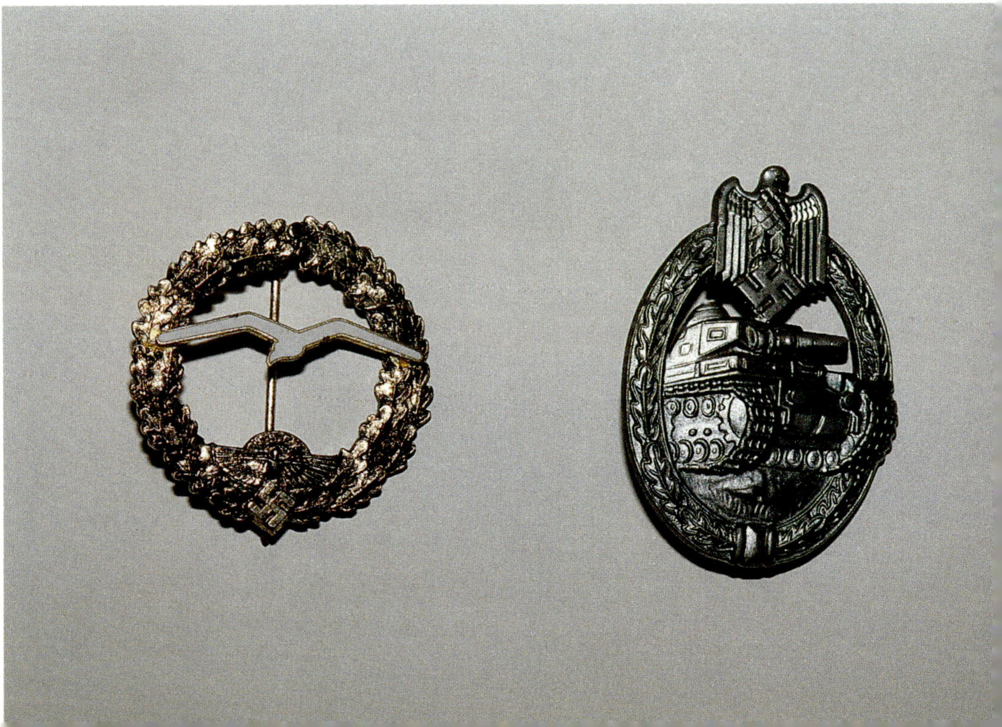

Besonders heikel sind die für Kultur- und Denkmalschutz zuständigen Stellen, wenn es um urgeschichtliche oder prähistorische Artefakte geht. Es ist nicht möglich, eine Wertung von Fundobjekten – und sei es nach ihrer zeitlichen Einordnung – einzugehen. Für den Fachwissenschaftler ist jeder Fund – auch der mittelalterliche oder frühneuzeitliche – gleich wertvoll, solange er im Fundzusammenhang mit entsprechender Befundung geborgen wird. Aus dem Fundzusammenhang gerissene Funde verlieren weitestgehend ihren Aussagewert.

Der Verlust solcher kulturhistorischer Güter ist von Laien nur schwer, wenn nicht sogar unmöglich abschätzbar. Ein 4.000 Jahre altes Schwert, das irgendwo in einer Kellerbar staunenden Partygästen vorgeführt wird, könnte sich vielleicht in der Hand von Fachleuten, Heimatforschern und Archäologen gerade als das Mosaiksteinchen entpuppen, nach dem man schon seit Jahrzehnten fahndet…

Deshalb: Alle prähistorischen und historischen Fundstücke, die auf die römische, keltische oder mittelalterliche Zeitgeschichte hinweisen, müssen unbedingt den Behörden gemeldet werden, damit in Heimat- und Landesmuseen Lebensweise und Lebensart, Fortschritt und Kultur wie auch politisches und technisches Wirken unserer Vorfahren in möglichst lückenloser Darstellung exponiert werden können.

Wer Fundstücke zu melden hat, sollte dies in der nachstehend dargestellten Form tun.

Beispiel für einen Fundbericht

Der Fundbericht ist einzusenden an:

Bundesdenkmalamt
Abt. Bodendenkmalpflege
Hofburg, Säulenstiege
1010 Wien

FUNDBERICHT

Gemeinde:

Bezirkshauptmannschaft:

Bundesland:

Jahr der Auffindung (Datum):

Anlaß der Auffindung:
Lokalisierung der Fundstelle auf einer Gebietskarte 1:50.000

Entfernung zum Ufer:

Richtung und Entfernung zur nächsten Ortschaft:

Wassertiefe:

Auflistung der Funde mit kurzer Beschreibung:

Name des Finders:

Anschrift und Telefon des Finders:

Datum: ______________________________

Unterschrift: __________________________

Wichtige Hinweise und Auszüge aus dem Österreichischen Denkmalschutzgesetz (DSchG)

a) Kulturgüter dürfen nicht außer Landes gebracht werden.

b) Es besteht eine Meldepflicht innerhalb von 48 Stunden für versunkene Kulturgüter und mögliche Artefakte.

c) Eine Ablieferungspflicht besteht nicht; das gefundene Gut sollte, um Schäden durch Laien zu vermeiden, an seinem Fundort belassen werden.

Dazu DSchG § 10 (1). An dem Zustand der Fundstelle und der aufgedeckten Gegenstände darf vor der Untersuchung durch Organe des Bundesdenkmalamtes, höchstens aber durch fünf Werktage nach Erstattung der Anzeige, nichts geändert werden, es sei denn, es ist Gefahr im Verzug oder ein schwerer wirtschaftlicher Nachteil aus der Unterbrechung der Arbeiten zu befürchten.

d) Pfahlbauten sind Kulturschutzzonen; dort herrscht absolutes Tauchverbot.

e) Neuentdeckte Pfahlbauten müssen zumindest dem Zentralmuseum Mondsee gemeldet werden – ebenso die Funde in allen Pfahlbauten.

Dazu DSchG § 9 (1). Werden bisher verborgen gewesene Gegenstände, die infolge ihrer Lage, Form oder Beschaffenheit offenkundig den Beschränkungen dieses Gesetzes unterliegen könnten, aufgefunden, so hat der Finder und im Falle einer Bauführung der verantwortliche Bauleiter und, wenn der Grundbesitzer hiervon Kenntnis erlangt hat, auch dieser der Bezirksverwaltungsbehörde, dem Bürgermeister, der nächsten Dienststelle der Bundesgendarmerie bzw. der Bundespolizei sofort, spätestens aber an dem der Auffindung folgenden Tag, Anzeige zu erstatten.
Meldungen an das Zentralmuseum Mondsee werden aber von uns akzeptiert.

Zu Pkt. c) wäre noch zu ergänzen, daß zwar keine Ablieferungsfrist besteht, daß jedoch die Hälfte eines Schatzfundes (ABGB § 399 – unter diesen Begriff fallen auch die archäologischen und andere bisher unentdeckten Funde) dem Grundbesitzer zufällt. Eine Entnahme von Fundgegenständen ohne Einvernehmen mit dem Grundbesitzer könnte u. U. zu einer zivilrechtlichen Ahndung führen.
In Seen, die im Eigentum einer öffentlich-rechtlichen Körperschaft stehen (Bund, Länder, usw.), stehen alle Funde „ex lege“, somit „automatisch“, unter Denkmalschutz. D. h., jeder Fund z. B. im Attersee (Bundeseigentum) auch außerhalb einer Schutzzone steht unter Denkmalschutz, auch dann, wenn der Fund oder Fundort vorher nicht bekannt war.
Weiter sollte auch auf das Ausfuhrverbotsgesetz Bezug genommen werden.

Die Seen

Das Salzkammergut ist ein Seenland und damit ein Tauchparadies. Die geographische Registrierung erfaßt über 80 Gewässer, von denen fast alle für den Tauchsport geeignet sind. Vielfach ist es aber so, daß sich aufgrund exponierter und unzugänglicher Höhenlagen eine Frequentierung durch Taucher als sehr unwahrscheinlich herausstellen wird, da es für die meisten Sporttaucher einfach nicht möglich ist, mit der gesamten Gerätschaft mehrstündige Fußmärsche durchzuführen.
Hochgebirgsseen und abseits jeglicher Fahrwege gelegene Tümpel lassen sich daher besser mit dem Hubschrauber erreichen. Diese snobistische Beförderungsmöglichkeit ist normalerweise das ganze Jahr über realisierbar, wenn auch nicht zu Billigpreisen erhältlich. Während der Jagdzeiten ist Helicopter-Diving verboten. Aber man braucht das nicht; selbst gut besuchte Badeseen zeigen in der Hauptsaison noch eine ansehnliche Transparenz. Und wer sich die Mühe macht, Genehmigungen einzuholen, der darf auch fast immer seine Ausrüstung an das Wunschgewässer fahren. Wenn der Autor dennoch einige unzugängliche Seen hier aufgeführt hat, so deshalb, um den letzten Individualisten die Möglichkeit zu geben, unberührt in der Einsamkeit hochgelegener Gebirgstäler einem Vergnügen zu frönen, das in Europa immer seltener wird: Tauchen in „Kristallwasser". Beim Großteil der beschriebenen Seen des Salzkammergutes sind Naturschutz- und Kulturschutzzonen angegeben. Halten Sie sich strikt an die Begrenzungen, wo Tauchverbot besteht. Es ist keineswegs im Sinne des Tauchsports, wenn Hobbyarchäologen beim Betauchen von Pfahlbauten verhaftet werden.
Suchen Sie vielmehr Glück und Zufriedenheit in der Ausübung des Tauchsports schlechthin. Fotografieren und filmen Sie, halten Sie die Schönheiten der Salzkammergutseen in Bildern fest. Das schafft letztendlich auch tiefe Befriedigung, ist ungefährlich und in den Augen aller die gewünschte Form des Tauchens.

SCHLADMINGER TAUERN 2863 m
Grimming 2351 m
D A C H S T E
Krippenstein 2109 m
Gjaidalm
Schönbergalm
Rieseneishöhlen
Mammuthöhlen
Steinpaß
Heilbrunn
Klachau
Tauplitz
Bad Mitterndorf
Tauplitzalm Alpenstraße (Mautstraße)
Tauplitzalm
Ödensee
Obertraun
Hallstatt
Sarstein 1975 m
Kainisch
Hallstätter See
Bad Aussee
Pötschenpaß 982 m
Grundlsee
Grundlsee
Toplitzsee
Gössl
Sandling 1717 m
Altaussee
Altausseer See
Salzbergwerk
Wildensee
T O T E S G E B I R G E
Loser 1838 m
Loser Panoramastraße (Mautstraße)
Hohe Schrott 1839 m
Offensee
Almsee
Ödseen
Mitterweißenbach
Feuerkogel 1625 m
Kasbergalmstraße (Mautstraße)
Wildpark
Bergstraße zur Farrenau
Traunstein 1691 m
Ebensee
Langbathseen
Traunkirchen
Grünau
Großalmstraße
Laudachsee
Neukirchen
Traunsee
Grünberg 980 m
Scharnstein
Wildpark
Altmünster
St. Konrad
Reindlmühl
Gmunderberg
Gmunden
Hongar 972 m
Gschwandt
Pinsdorf
Oberweis
Alm
Kirchham
Ohlsdorf
Aurach am Hongar
Laakirchen
Vorchdorf
Steyrmühl
Wien
Regau

Hoher Dachstein
3004 m
Torstein
HOHE TAUERN
M A S S I V
Gosaukamm
2455 m
Tennengebirge
2409 m
Radstadt,
Bischofshofen
Plassen 1954 m
Zwieselalm
Gosauseen
Paß Gschütt 964 m
Kalmberge 1833 m
Gosau
Rußbach
OSTERHORN - GRUPPE 1764
Katrin 1542 m
Postalm
Postalmstraße
(Mautstraße)
Zwölferhorn
1522 m
Nussensee
Strobl
Pfandl
Zinkenbach
Hintersee
Zimnitz 1745 m
St. Wolfgang
Ried
St. Gilgen
Schafberg
1783 m
Schafbergbahn
Wolfgangsee
Schwarzensee
Faistenau
Burgau
Weißenbach
Fürberg
Unterach
Krottensee
Fuschl am See
10 km
Steinbach
Hof
bei Salzburg
Fuschlsee
Scharfling
Seefeld
Stockwinkel
See
Mondsee
Drachenwand
1187 m
Salzburgring
Pichl
Plomberg
Nußdorf
Attersee
Innerschwand
Mondsee
St. Lorenz
Weyregg
Oberwang
Mondsee
Kolomannsberg
1144 m
Abtsdorf
Straß
Attersee
Tiefgraben
Litzlberg
Seewalchen
St. Georgen
im Attergau
Zell am Moos
AUTOBAHN
Zeller- oder
Irrsee
SPORER

Die Salzkammergut-Tauchgewässer in alphabetischer Reihenfolge

Name	Seehöhe (m)	max. Tiefe (m)
1. Almsee	589	9
2. Altausser See	721	53
3. Attersee	469	170
4. Augstsee	1.647	9
5. Dachstein Eisseen	1.909–2.100	10
6. Fuschlsee	663	75
7. Gosausee (vorderer)	960	65
8. Gosausee (hinterer)	1.154	113
9. Grundlsee	709	64
10. Hallstättersee	508	135
11. Hintersee	688	35
12. Irrsee	555	25
13. Kammersee	750	18
14. Koppenwinklersee	536	2
15. Krottensee (St. Gilgen)	610	60
16. Lahngangsee (vorderer)	1.494	70
17. Lahngangsee (hinterer)	1.495	35
18. Langbathsee (vorderer)	664	27
19. Langbathsee (hinterer)	753	56
20. Laudachsee	881	26
21. Maierbach	598	5
22. Mondsee	481	68
23. Nussensee	604	22
24. Offensee	655	38
25. Ödensee (Kainisch)	780	19
26. Putterersee	508	6
27. Salzaspeichersee	768	50
28. Sommersbergersee	856	24
29. Schwarzensee	800	44

30. Tauplitzalm Seen:		
a) Krallersee	1.700	10
b) Märchensee	1.530	6
c) Großsee	1.520	40
d) Steirersee	1.460	30
e) Schwarzsee	1.445	15
f) Tauplitzlacke	1.549	14
g) Sagtümpel	1.439	2
31. Toplitzsee	718	103
32. Traun (Fluß)		
33. Traunsee	422	197
34. Wildensee	1.535	15
35. Wolfgangsee	538	113

Männchen (oben) und Weibchen der Teichmolche.

Bergmolch in der Gosaulacke.

Molchlarven halten sich zwischen Pflanzen und in Algen versteckt.

1. Der Almsee

Seehöhe: 569 m; max. Tiefe 9 m

Man fährt von Gmunden nach Grünau und von dort vorbei am Cumberland Wildpark (stand unter Leitung des Nobelpreisträgers Prof. Dr. Konrad Lorenz) über den Gasthof Jägersimmerl zum See. Das ca. 1.600 m lange und 700 m breite romantische Gewässer hat einen fantastischen Uferbewuchs, in dem Wasservögel aller Art nisten. Viele Schwäne und Graugänse bevölkern den Almsee. Er war viele Jahre lang das Experimentierfeld von Prof. Dr. Lorenz, der dort die Grundlagen der Verhaltensforschung an Graugänsen gelegt hat.
Gespeist wird der Almsee aus Quellen und klaren Wildwasserzuflüssen, die ihm eine gute Transparenz verleihen. Sichtweiten von 5 bis 10 m und jahreszeitlich auch darüber sind eigentlich immer vorhanden. Der Almsee steht unter besonders strengem Naturschutz, so daß sich sein Besuch auf sehr kleine Tauchgruppen beschränken muß. **Möglichst nur zum Filmen und Fotografieren das Gewässer betreten – und das ganz vorsichtig und behutsam. Grundberührung vermeiden.**
Amphibien, starker Fischbesatz und eine extrem wachstumsfreudige Flora geben dem Almsee einen unverwechselbaren Charakter. Vereinzelt findet man hier auch Europas einzige fleischfressende Süßwasserpflanze, den Wasserschlauch *(Utricularia vulgaris)*, der mit seinen winzigen Fallen auf den Blättern im See ein reiches Nahrungsangebot an Wasserflöhen, Milben und

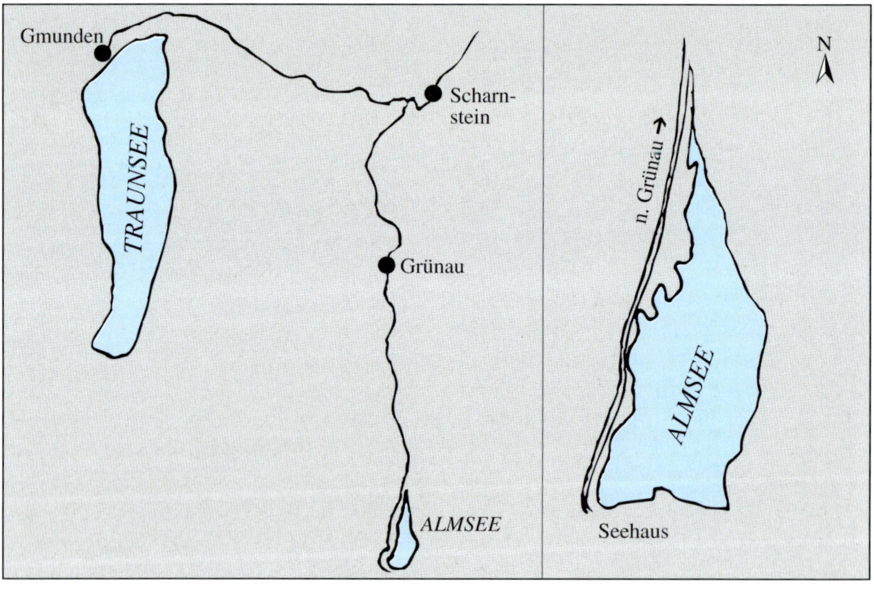

winzigen Larven vorfindet. Der Wasserschlauch muß als echte Rarität betrachtet werden und ist mit Bedacht zu umschwimmen.
Leider wird die Flora des Almsees zunehmend von den Lorenz'schen Gänsen bedroht, die in großer Zahl die UW-Pflanzen wegfressen und mit ihrem Kot Großteile der Ufervegetation gefährden.
Sensationell und einmalig ist die „schwimmende Insel", die einzige in Europa mit knorrigem Baumbestand und einer flachen Humusschicht. Fängt sich der Wind in den Bäumen, segelt die Insel. An ihren Ufern stehen riesige Hechte, Karpfen und Weißfischschwärme. Kleine überwachsene Buchten vermitteln ein Gefühl wie beim Höhlentauchen. Fantastische Lichterspiele im Schilf und unter den Überhängen ergeben fotografische Momente, wie sie sonst kaum realisierbar sind.
Das „Untertauchen" der Insel muß mit dem nötigen Sicherheitsabstand erfolgen, da lose herabhängende Erdbrocken den Taucher bei Berührung gefährden können. Wer ruhig und gelassen in den Uferzonen der Insel schnorchelt, die Hektik unterdrückt und seine Ungeduld zügeln kann, kann jagende Wasserschlangen (Ringelnattern) und tauchende Eisvögel beobachten.
Der Almsee ist eines der letzten Refugien einer intakten Natur. Tauchen in diesem See gehört zu den besonderen Eindrücken. Gerade deshalb muß das Betreten dieses Aquariums mit dem gewissen Respekt gegenüber Flora und Fauna erfolgen.

2. Der Altausseer See

Seehöhe: 712 m; max. Tiefe 53 m

Er friert im Winter immer zu; ist also ideal für Eistauchgänge. Da der See einer der landschaftlich schönsten im Salzkammergut ist, wurde die Uferverbauung bis jetzt verhindert. Man kann den Altausseersee daher ungestört überall betauchen. Obwohl eine starke Planktonverteilung besteht, sind die Sichtweiten sehr gut, 10 m und mehr stellen sich ein. Besonders im hinteren Teil des Sees ist das Wasser außergewöhnlich klar. Der Altausseer See hat Trinkwasserqualität, die Wassertemperatur ist sehr niedrig.
Eine hochwuchernde Fauna und ein immenser Fischbestand (Schwarmfische) garantieren erlebnisreiche Tauchgänge. Im Ausflußbereich leben viele Krebse. Beim Hotel „Seevilla" (vorderer Bereich) stehen viele Wasserpflanzen, bevölkert von Jungfischen, Kleingetier und Krebsen. Die Schonung der herrlich gewachsenen Dschungelflora ist ein dringendes Anliegen. Bitte vorsichtig tauchen!
Mit dem Boot (kann gemietet werden) erreicht man den hinteren Bereich an der Jausenstation „Seewiese". Im seichten Wasser (ca. 5 – 6 m) liegen riesige Felsbrocken. Die kolossale UW-Landschaft eignet sich in Verbindung mit der

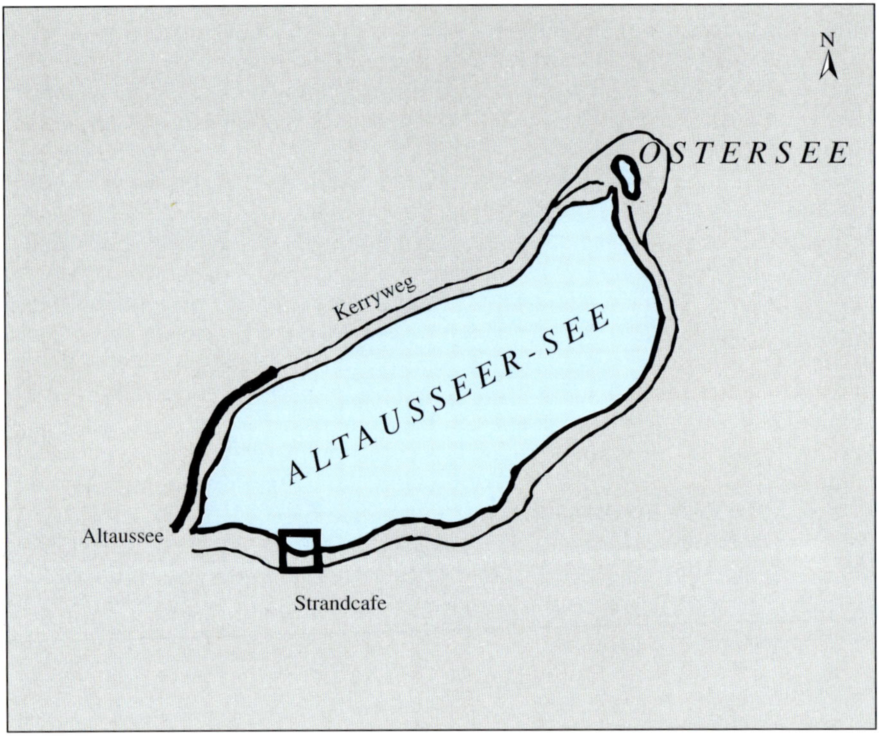

guten Sicht für alle Film- und Fotopanoramen. Im rechten Drittel des Sees, ungefähr 300 m vom Ufer entfernt bis zu 600 m in den See hinein, liegt in 15 m Tiefe ein versunkener Urwald. Die naturgewachsenen Bäume reichen bei niedrigem Wasserstand bis 4 m unter die Oberfläche. Einige der Baumstümpfe sind so gewaltig, daß drei Taucher sie nicht gemeinsam umklammern können. Der Urwald mit seinen Holzgiganten bildet eine einzigartige Kulisse in einem der profiliertesten Seen für Filmer und Fotografen. Saiblingsschwärme, Hechte und riesige Seeforellen (die größte gefangene Forelle wog 22,5 kg) streifen durch dieses Unterwasserdickicht.

Hinter dem See-Appartement-Hotel führt eine Forststraße am Freibad und der Jausenstation vorbei zur Fischerhütte. Vor der Hütte liegt auf ca. 15 m Tiefe ein großer Sanitätslastwagen der Deutschen Wehrmacht, teilweise demontiert, aber immer noch fotogen. Mit starken Weitwinkeloptiken lassen sich ungewöhnliche und aussagekräftige „Mini-Wrack-Aufnahmen“ gestalten. Mit einiger Fantasie und gekommt eingesetzten Sklavenblitzen ein wirklich interessanter Tauchgrund. Auf der Waldlichtung an der Fischerhütte lagerten einst deutsche SS-Truppen; und nach dem Kriege der amerikanische Geheimdienst CIA. Vieles aus der Hinterlassenschaft von SS und CIA lag im Uferschlamm

Im Altausser See liegt ein versunkener Wald.

vor dem Parkplatz. Darunter Standartenspitzen, Ehrendolche, Führerembleme und Kleinwaffen. Gefährliches Gut (explosiv) wird hier nicht vermutet.
Die Jausenstation „Seewiese“ war das letzte Versteck (in Europa) des Judenverfolgers Eichmann. Angeblich hat er seine gesamte Hinterlassenschaft in dieser Bucht versenkt, wie Schmuck, Geld, Tafelgeschirr, Orden, Geheimakten, KZ-Listen und Giftampullen. Porzellanfunde wurden vor dem Fischerdorf gemeldet, teilweise auch Keramik und mundgeblasenes Glas (selten) mit Siegel von Erzherzog Johann. Suchen nach Verborgenem unter Wasser sollte im Altausseer See unterbleiben. Die wesentlichen Funde liegen ohnehin jenseits der Flachwasserzone.

3. Der Attersee

Seehöhe: 467 m; Tiefe 170 m

Er wartet mit mehreren Superlativen auf. Als einziger aller Salzkammergutseen friert der Attersee nie zu. Seine maximale Tiefe von 170 m ist die zweitgrößte Tiefe der Salzkammergutseen überhaupt. In den Ausmaßen übertrifft er den nächstgrößten See um mehr als das Anderthalbfache, und er hält den traurigen Rekord, die meisten Tauchopfer gefordert zu haben.
Nach Untersuchungen des Geologen Dr. Josef Schadler ist er außerdem der Salzkammergutsee mit der längsten Lebensdauer, ca. 0,5 Millionen Jahre. Auf seiner Wasserfläche hätten mehr als 180 Millionen Menschen Platz.
Aufgrund derartig monströser Größenverhältnisse ist er ein See, der auch größere Tauchgruppen schluckt. Auf einer Länge von ca. 20 km (hüben wie drüben) findet praktisch jeder Individualist noch ein ungestörtes Plätzchen. Sehr unterschiedlich ist die Sicht, wechselhaft von 3 m bis zu 20 m; nicht nur jahreszeitlich bedingt, sondern auch abhängig vom Tauchort und der Tauchtiefe.
Unterhalb der Sprungschicht (zwischen 5 und 10 m) wird der See meist sehr klar. Die Tageslichtgrenze liegt zeitweise bei 60 m Tiefe. Beste Tauchzeit im Hinblick auf die Transparenz ist von November bis Juni. In den Monaten Juli bis Oktober blüht der See, und es empfehlen sich für Fotografen und Filmer mehr die Nachtzeiten zur Fischportraitierung.
Der Attersee gilt als sehr fischreich. Neben den Stammfischen wie Hecht, Forelle, Rutten, Elritzen, Weißfischen, Lauben, Koppen, Aalen, Schleien und Brachsenschwärmen findet man den in Europa sehr seltenen Perlfisch. Da der Perlfisch den Großteil seines Lebens – nur in der Laichzeit geht er ins Flachwasser – im Freiwasser, teilweise in größeren Tiefen verbringt, gibt es von ihm kaum Aufnahmen aus seinem natürlichen Lebensraum.
Trotz großer Flachwasserzonen ist der Pflanzenbewuchs mehr als spärlich. Der Seeboden ist total verschlammt, oft metertief, und eine dicke Schwebeteilchenschicht aus verfaultem Abfall und versunkenem Blattwerk erschwert insbesondere für Hobbyarchäologen jegliche Tätigkeit. Die stark reduzierten Sichtweiten an vielen Stellen in Verbindung mit großen Tauchtiefen mögen die Ursache so mancher Tauchunfälle im Attersee sein. Dem eigenen Sicherheitsaspekt muß daher Vorrang eingeräumt werden, vor allen noch so guten Fotos und noch so interessanten Fundstücken. Beim Tauchen ist ebenso verstärkt auf den Linienschiffsverkehr zu achten. Tauchen, Schnorcheln und Baden an Anlegestellen und in Schiffahrtslinien ist lebensgefährlich.
Im oberen Teil, bei Weyregg, liegt ein versunkener römischer Hafen. In Stockwinkel, Unterach, Nußdorf und Schloß Litzlberg ist der See ein einziges Pfahlbaudorf. Hier besteht **Tauchverbot.** Leider befinden sich in den Kulturschutzzonen viele Fische und sonstige fotogene Motive, die uns nicht zugäng-

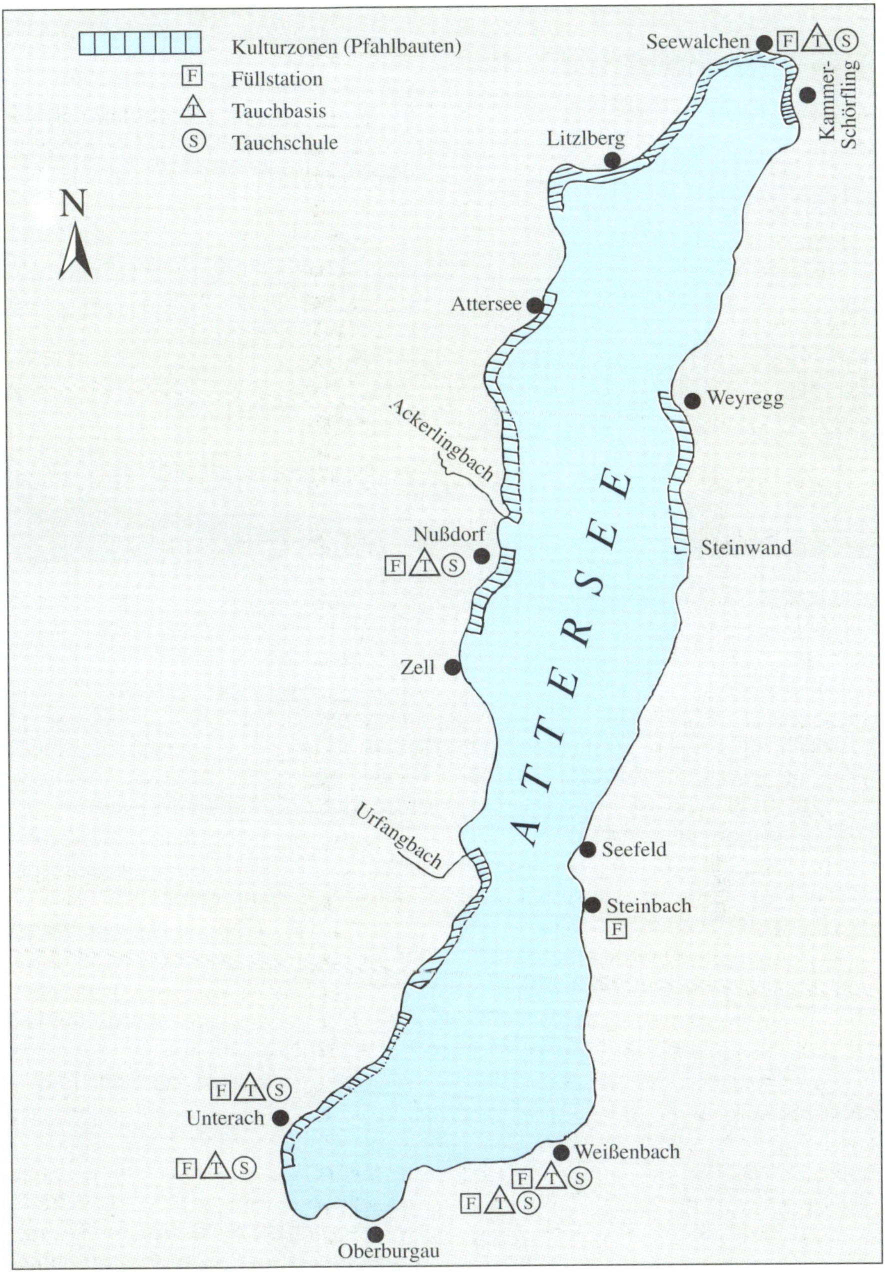

Kulturzonen (Pfahlbauten)
F Füllstation
T Tauchbasis
S Tauchschule
N
Seewalchen
F T S
Kammer-Schörfling
Litzlberg
Attersee
Weyregg
Ackerlingbach
ATTERSEE
Nußdorf
F T S
Steinwand
Zell
Urfangbach
Seefeld
Steinbach
F
F T S
Unterach
F T S
Weißenbach
F T S
F T S
Oberburgau

Versunkenes Astwerk bildet im Attersee an etlichen Stellen fotogene Lokaliäten.

lich sind. In Seefeld, Weißenbach und Burgau fallen die Ufer steil ab. Überhänge aus Fels und Schlamm bilden eine bizarre Kulisse, wenn auch eine nicht ganz ungefährliche, da viele Taucher darüber Zeit und Tiefe vergessen.
Am Campingplatz „Fötinger“ hat der TSVÖ mehrere Plattformen in verschiedenen Tiefen (10, 15, 20 und 40 m) versenkt. Der Attersee ist die praktische Ausbildungsstätte des österreichischen Tauchsportverbandes.
Im gesamten Seebereich gibt es viele Waffenfunde (bitte nicht anrühren, Fundstellen melden!) in für Sporttaucher oftmals zu großen Tiefen. Der Besuch des deutschen Schützenpanzers (Halbkettenfahrzeug) beim Campingplatz „Burgau“ ist leider nicht mehr möglich. Das Kriegsgerät wurde inzwischen geborgen und steht nun in einem Museum in England.
Im eigentlichen Sinne ist der Attersee mehr ein Gewässer für sportliches Tauchen.

Aalrutten leben in allen größeren Seen. Meist sind diese Räuber nachtaktiv.

Verordnung

betreffend die Abwehr von Gefahren für Pfahlbauten im Attersee

§ 1 Gemäß § 7 (1) des Denkmalschutzgesetzes, BGBl. Nr. 533/1923, in der Fassung des BGBl. Nr. 167/78, wird zum Schutze der Pfahlbauten im Attersee vor Zerstörung und Veränderung im Bereich von Schutzzonen das Tauchen unter Zuhilfenahme von Tauchgeräten verboten.

§ 2 Die im § 1 genannten Schutzzonen werden wie folgt bestimmt:

Zone 1: Kammer
Der Bereich des Attersees, der nördlich der gedachten Verbindungslinie zwischen dem uferseitigen östlichen Grenzpunkt der Parzelle 98/3, KG. Litzlberg (Landesteg des Gasthauses Litzlbergkeller) und dem südwestlichen Grenzpunkt der Parzelle 1782/79, KG. Kammer (Badeplatz Pfahlbaudorf Kammer) liegt.

Zone 2: Litzlberg
Der Teil des Attersees, der im Westen durch die Uferlinie zwischen dem nordöstlichen uferseitigen Grenzpunkt der Parzelle 1036/2 (Strandbad Litzlberg) und dem südlichen uferseitigen Grenzpunkt der Parzelle 3/3, KG. Litzlberg (Haus Unterbuchberg 24) begrenzt wird und parallel zum Ufer 200 m in den See reicht, sowie der Bereich des Attersees um die Insel Litzlberg im Umkreis von 200 m.

Zone 3: Attersee
Der Teil des Attersees, der im Westen durch die Uferlinie zwischen dem nördlichen uferseitigen Grenzpunkt der Parzelle Nr. 807/2, KG. Attersee, und dem nördlichen uferseitigen Grenzpunkt der Parzelle 2750/2, KG. Nußdorf (Mündung des Ackerlingsbaches) begrenzt wird und parallel zum Ufer 200 m in den See reicht.

Zone 4: Misling
Der Teil des Attersees, der im Westen durch die Uferlinie zwischen dem nördlichen uferseitigen Grenzpunkt der Parz. Nr. 1669/2, KG. Unterach (Mündung des Urfangbaches beim Gasthaus Stadler) und dem nordöstlichen uferseitigen Grenzpunkt der Parzelle 1998/39, KG. Unterach (nächst Zettelmühle) begrenzt wird und parallel zum Ufer 200 m in den See reicht.

Zone 5: Weyregg
Der Teil des Attersees, der im Osten durch die Uferlinie zwischen dem nördlichen uferseitigen Grenzpunkt der Parzelle 2233/2 (Steinwand 20) und dem nördlichen uferseitigen Grenzpunkt der Parzelle 574/1 (Strandbad Weyregg) begrenzt wird und parallel zum Ufer 200 m in den See reicht.

§ 3 Die Bezirksverwaltungsbehörde kann bestimmte Personen über Antrag Ausnahmen vom Verbot gemäß § 1 dieser Verordnung gewähren, wenn der Antragsteller glaubhaft machen kann, daß ein öffentliches Interesse an der Durchführung von Tauchgängen besteht und eine Gefahr für Denkmäler im Sinne des § 7 Denkmalschutzgesetz vermieden werden kann.

§ 4 Das Verbot gemäß § 1 dieser Verordnung gilt nicht, wenn Tauchgänge zum Schutze des Lebens und der Gesundheit von Menschen notwendig sind.

§ 5 Wer dem Verbot des § 1 dieser Verordnung zuwiderhandelt oder vorsätzlich zu einer solchen Handlung anstiftet oder dazu Hilfe leistet,wird gemäß § 14 Abs. 3 und 4 Denkmalschutzgesetz mit einer Geldstrafe von S 5.000,– bis S 30.000,– oder mit Arrest bis zu 14 Tagen bestraft.

§ 6 Diese Verordnung tritt mit dem der Kundmachung in der Amtlichen Linzer Zeitung folgenden Tag in Kraft.

Da sich diese Bestimmungen sehr schnell ändern können, raten wir allen dringend, sich bei jedem Tauchurlaub im Salzkammergut zumindest bei den Tauchschulen zu erkundigen. Sie müssen über den neuesten Stand der Vorschriften informiert sein.

Hinweis:
Der Attersee gilt als das beste Ausbildungsgewässer im Salzkammergut. Sein klares Wasser läßt an manchen Tagen das Licht bis auf 80 m Tiefe eindringen. Nicht von ungefähr liegen am Attersee die meisten Tauchschulen. Leider auch die meisten Tauchunfälle wegen Tieftauchens.

4. Der Augstsee

Seehöhe: 1647 m; max. Tiefe 9 m

Fahrt über Altausee zur Loser-Mautstraße bis zum großen Parkplatz an der Loserhütte, dort umziehen. Die gesamte Ausrüstung muß nun ca. 15 Minuten bergauf (kurzes, steiles Stück) getragen werden. Der Fußweg ist beschildert. Vorbei an Almwiesen mit Kühen führt der Trampelpfad zum meist sehr klaren Augstsee (Sicht 10 m und mehr). Sein morastiger Grund verpflichtet zu vorsichtigem Tauchen, wenn die Nachfolgenden auch noch etwas mehr als die Uhr ablesen wollen. Mit ca. 270 m Länge und 100 m Breite verkraftet der See eigentlich nur kleinere Tauchgruppen.
Die Flora ist spärlich, aber wunderschön. Algen und Moose seltener Art in unvergleichlichen Farben schmücken gegen Ende des Sommers rasenartig die Uferzonen und geben einem das Gefühl, über einer Wiese zu tauchen. Sehr gut für Nur-Landschaftsaufnahmen und Makrofotografie.
Der Augstsee wird durch Quellen gespeist. Ein geringer Überlauf kontrolliert den Wasserstand. Es ist darauf zu achten, daß Taucheinstiege nicht direkt vor der UW-Flora stattfinden, damit durch unkontrollierte Flossenbewegungen keine Sedimentteilchen der fetten, schwarzen Ufererde über die herrlichen Pflanzengebilde gestreut werden. Fische gibt es nur wenige – alle sind eingesetzt.
Neben Forellen und Groppen besteht der Hauptbesatz aus Saiblingen. Eine echte Rarität und sonst kaum irgendwo zu finden sind viele Saiblingalbinos. Die weißen Salmoniden sind sehr scheu und stellen auch versierte UW-Fotografen vor nicht gekannte Schwierigkeiten. Des Nachts und in der Dämmerung liegen die Fische am Grund und sind dann besser abzulichten. Meist gelingen jedoch nur ein bis zwei Aufnahmen in Folge, da man in Kürze meist von der eigenen Schlammwolke eingeholt und überdeckt wird.
Im Frühjahr bis zum Anfang des Sommers ist der Augstsee Anlaufpunkt vieler Alpenamphibien. Krötenhochzeiten, Bergsalamander, Molche und vereinzelt

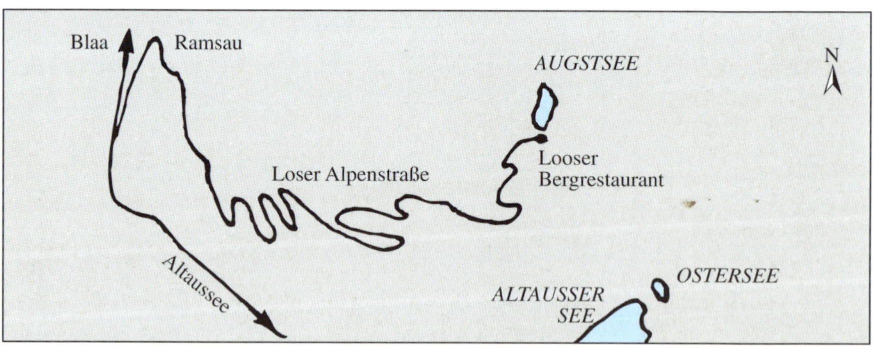

An die abgelegenen Seen muß man seine Ausrüstung tragen.

Nur wenn nicht gebadet und selten getaucht wird, entwickelt sich in der Uferzone eine üppige Pflanzenwelt.

auch Frösche stellen sich ein. Nicht nur deshalb ist der Augstsee einen Besuch wert. Das gigantische Panorama der Trisselwand sagt einem beim Auftauchen überdeutlich: Du hast in einem Kleinod getaucht.

Hinweis:
Der Augstsee ist ein Hochgebirgsgewässer und oftmals bis Juni von Eis bedeckt. Eignet sich ergo auch sehr gut für Eistauchgänge. Infolge der langen Eisperioden sind viele Saiblinge zu Hungerformen, den sog. Schwarzreutern verkümmert.

5. Die Dachstein Eisseen

Seehöhen: von 1.900 bis 2.100 m; max. Tiefen von 2 bis 10 m

Das Betauchen der Eisseen ist eines der größten Abenteuer, die man sich als Taucher überhaupt vorstellen kann. Nur ausgesprochen gut trainierte, höhenadaptierte und konditionell starke Menschen sollten sich dieser Strapaze unterziehen. Mindestens vier bis sieben Stunden (je nach körperlicher Verfassung) muß die Ausrüstung durch die Hochgebirgswelt des Dachsteins geschleppt werden. Für den Besuch der Eisseen sollte die Übernachtung auf der Simonyhütte oder Wiesberghaus eingeplant werden, da der Rückweg an einem Tag nicht zu packen ist. Für den Tauchmarsch sind Bergschuhe und entsprechende Wetterkleidung unbedingt erforderlich.
Ca. 200 m unterhalb der Simonyhütte leuchten die Eisseen wie Bergkristalle in der Sonne. Man unterscheidet in den oberen und unteren Eissee. Diese beiden sind ewige Bergseen, während das Erscheinen weiterer, kleinerer Eislacken von der Jahreszeit und den klimatologischen Bedingungen (Schneeschmelze, Gewitter) abhängt. Auch verändern das Gletschereis und die Moränen permanent die Geburtsstätten der kleinen als auch in geringem Maße die der großen Eisseen. Das Kommen und Gehen der Eisseen ist ein geologisches Gebären mit wechselnder Morphologie, so daß man immer wieder neue Unterwasserlandschaften antrifft. Nach längeren Schönwetterperioden ist das Eiswasser glasklar. Teilweise schwimmen kleine Eisberge und Eisschollen im Wasser. An den Rändern des Gletschers ist Vorsicht geboten, insbesondere an überhängenden Eisvorsprüngen und unter Eishöhlen – Gletscher kalbt (lebensgefährlich!) –, dann fallen große Eisbrocken in die Seen, die jeden Taucher, der von ihnen getroffen wird, erschlagen.

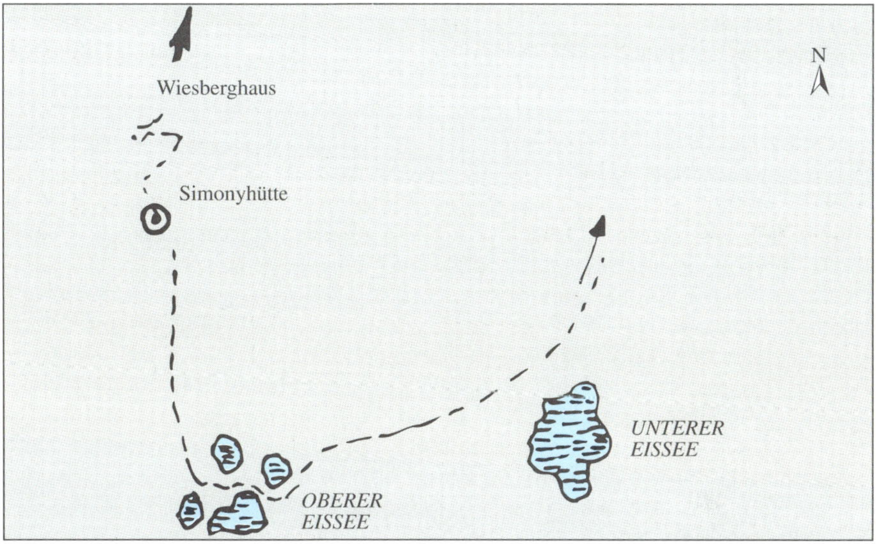

Eine reiche Flora und Fauna ist nicht vorhanden. Sand, Geröll, Schotter und Felsen bedecken den Grund. Lediglich winzig kleine Wasserflöhe, Krebschen und spärliches Algenwachstum sind sporadisch vorhanden. UW-Fotografen müssen sich auf Landschaften, Taucher und Halb-und-Halb-Aufnahmen verlegen. Letztere Fototechnik ist wegen des gewaltigen Alpenpanoramas in ungewöhnlicher Art und Weise möglich.
In den Dachstein Eisseen lagen vereinzelt auch Waffen und Munition, daher ist Vorsicht angebracht. Im Geschiebe des Gletschers liegt ein ehemaliger Truppenübungsplatz der SS-Hochgebirgseinheiten, so daß immer noch Kriegsmaterial in die Seen geschwemmt werden kann. Heute trainieren gelegentlich Gebirgsjägereinheiten des Österreichischen Bundesheeres in dieser Gegend, was schon zu Waffenfunden neueren Datums geführt hat.
Die Dachstein Eisseen sind ein Refugium für extreme Naturen, denen nichts wild genug sein kann. Wer sich der strapaziösen Schlepperei nicht unterziehen will, kann die Eislöcher in 2.000 m Höhe auch mit dem Helicopter besuchen. Aber dann ist das Abenteuer eigentlich nur noch die Hälfte wert.

6. Der Fuschlsee
Seehöhe: 663 m; max. Tiefe 75 m

Etwa 70 km von Hallstatt entfernt ist der Fuschlsee hauptsächlich bekannt geworden durch das gleichnamige „Schloß Fuschl", ein exclusives Hotel und noble Tagungsstätte, das als eines der besten Häuser in Österreich gilt und für Staatsempfänge von hohem Rang herhalten muß.
Früher gehörte „Schloß Fuschl" Hitlers Außenminister Rippentrop. Dieser war von Beruf ein internationaler Wein- und Spirituosenhändler (Fa. Henkell), bevor er in die Diplomatie überwechselte. Schon vor dem 2. Weltkrieg erkannte man die ausgezeichnete strategische Lage der Halbinsel mit Schloß Fuschl. Ausländische Gäste und gefährdete Politiker konnten mit geringem Aufwand gegen Attentate abgesichert werden. Im Februar 1945 erging von der deutschen Militärführung der Befehl zur Vernichtung aller Alkoholika auf Schloß Fuschl, um den Siegermächten das umfangreiche Flaschenlager nicht zu überlassen. Es wurden wohl zu Recht Ausschreitungen an der Zivilbevölkerung durch betrunkene Soldaten befürchtet. Der gesamte Bestand des Schloßkellers – einer der größten der Welt – wurde im See versenkt. Allein im Uferschlamm vor der Halbinsel liegen Tausende von Wein- und Sektflaschen. Der Wert dieser Fundstücke liegt allerdings nicht nur im Inhalt des Gutes, obwohl dieser teilweise noch genießbar ist, sondern primär in der Exclusivität. Im Fuschlsee liegt vermutlich der einzige versenkte Alkoholschatz der Welt, dessen Wert in die Millionen gehen dürfte. Die Halbinsel ist heute in Privatbesitz. Das **Befahren mit Autos ist verboten** und nur erlaubt zum Besuch von Schloß Fuschl. Keinesfalls darf man sich auf dem Schloßplatz umziehen oder gar Tauchflaschen füllen. Es gibt sonst garantiert Ärger mit der Hotelleitung und den prominenten Gästen. Es ist jedoch möglich, mit einem Boot an die Ufer der Halbinsel zu gelangen und so vom Ufer aus zu tauchen. Ruhe ist dennoch erste Taucherpflicht!
Der Fuschlsee ist im Sommer ein stark besuchter Badesee. Er ist dann warm und auch etwas trüb. Im Frühjahr und Herbst dagegen ist der See klarer. Sichtweiten von bis zu 20 m sind dann möglich.
Große Seichtzonen sind ideal zum Baden für Kinder. Gefahrlos können die Kleinen plantschen, während ein Elternteil taucht. Ein Urlaubsflecken für Taucher mit Familienanhang.
Im See selbst liegen viele versunkene Boote und Yachten – teilweise sehr gut erhalten. Viele der Wracks liegen allerdings sehr tief – Nullzeiten beachten! Im vorderen Teil, beim Ort Fuschl, gibt es schöne Wasserpflanzen und herrliche Schilfmatten. In der interessanten Uferzone tummeln sich viele Kleinlebewesen – gut für den Makrobereich. Viele Hechte, Aitel, Äschen, Reinanken, Elritzen und Rotaugen ziehen bis in Tiefen von 5 bis 7 m am Taucher vorbei. Flußbarsche bilden Schwärme im Seichten.

Als historische Sensation bezeichnet man die Pfahlbauten im Fuschlsee. Die Fundstellen werden teilweise geheim gehalten, weil man um den Erhalt der Pfahlbaudörfer fürchtet. Sollten Sie beim Tauchen zufällig Teile eines solchen Pfahlbaudorfes finden, so dürfen Sie auf keinen Fall selbsttätig mit Ausgrabungen beginnen. Das steht unter Strafe. Die Fundstelle ist umgehend zu markieren, zu verlassen und bei den Behörden zu melden. Bedenken Sie trotz aller Abenteuerlust und Entdeckerdranges immer die Möglichkeit der unabsichtlichen Zerstörung durch nicht sachkundiges Graben.

7. Der vordere Gosausee
Seehöhe: 960 m; max. Tiefe 65 m

Beim Tieftauchen sind unbedingt die geänderten Nullzeiten zu beachten! Der hohe Wert des Sees als Ausflugsziel für jedermann während der Sommermonate sorgt besonders auf den Parkplätzen für erhöhten Rummel. In der Ferienzeit sollte man sich daher mehr auf Nachttauchgänge verlegen.
Der vordere Gosausee ist einfach zu finden; von Hallstatt aus folgt man den Ortsbeschilderungen nach Gosau, dann den Hinweisen zum See. Nach ca. 20 km Fahrt durch wildromantische Täler und Höhen erblickt man das Dachsteinmassiv, in dessen Vordergrund der grün schimmernde Gosausee liegt. Ein malerischer See mit passender Peripherie, hohe Berge und dunkle Wälder.
Die beste und bequemste Einstiegsstelle befindet sich rechts vom Bootsverleih. Steil fallen die Ufer in die Tiefe, um dann in ca. 10 m in riesigen Stein- und Geröllhalden zu enden. Der Bewuchs ist spärlich, bessert sich aber in Waldrandnähe und im hinteren Teil des Sees. Fotografische Überdimensionen hinsichtlich der Flora darf man allerdings nicht erwarten.
Interessant ist der Fischbestand, weniger von der Artenvielfalt her als von der Qualität der Fische. Eigentlich gibt es nur Forellen, Schwarzreuter-Saiblinge, Elritzen und Schratzen (Barsche), aber alle in großer Anzahl und äußerst fotogen. Die Elritzen lassen sich mit Brot – am liebsten Weißbrotstückchen – aus der Hand füttern. Gekonnt verarbeitet man dies zu einzigartigen Schwarmbildern mit Taucher im Hintergrund, oder man lichtet die Fütterungsszenen als Ganzes ab. Es bereitet keine Schwierigkeiten, die Fische an den Ort zu dirigieren, den man sich als Background ausgesucht hat.
Unter den Bootsstegen bilden kleine Barschschwärme immer wieder pulsierende Fischwolken. Sie werden im Gosausee nicht besonders groß, sind aber sehr zahlreich und wunderschön gemustert. Es gelingen auch Tageslichtaufnahmen, da die Barsche recht frech in die Linse blicken. Zweifellos bilden die Forellen den fotografischen Höhepunkt. Wenn auch am Tage nur schwer ins Visier zu bekommen, ergeben sich über Nacht doch bessere Perspektiven für

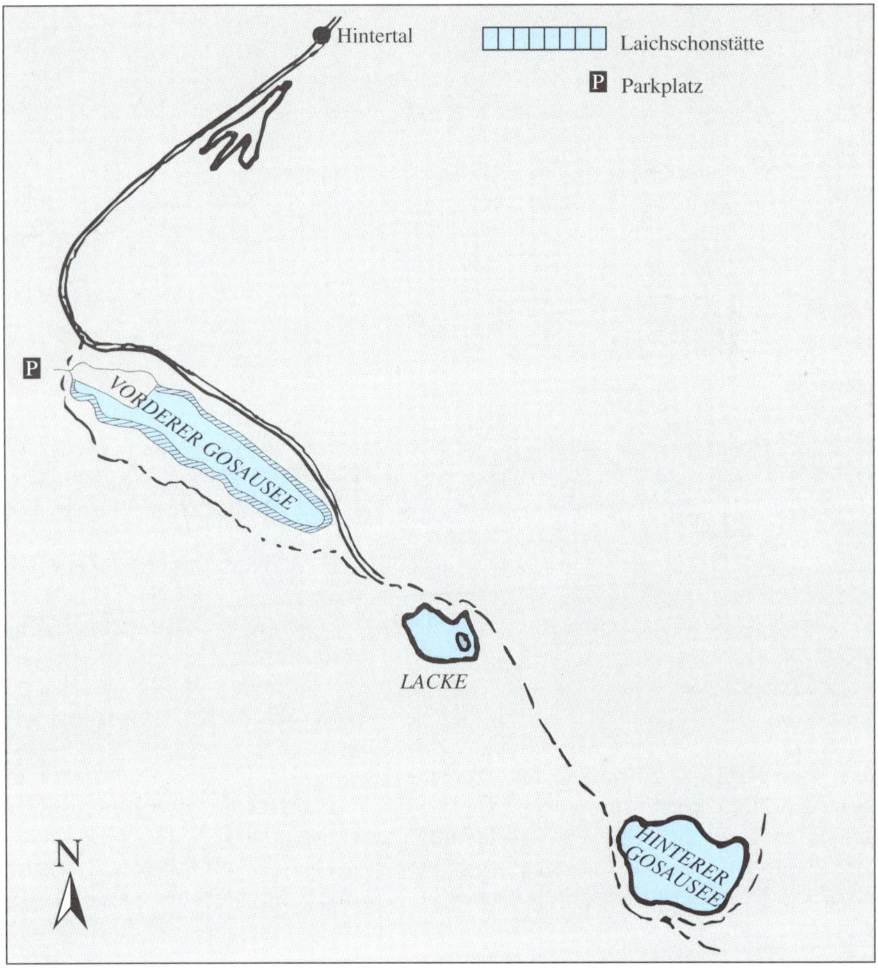

den Fotografen. Da liegen sie nämlich am Boden, lassen sich sogar streicheln und in die gewünschte Position bringen.
Trotz kurzer Trübphasen durch Schneeschmelze und Regen muß man den vorderen Gosausee zu den klarsten Gewässern zählen. Im Sommer sind an der Oberfläche 5 m Sichtweite zu erwarten, unterhalb der Sprungschicht wird das Wasser zunehmend klarer (20 m und mehr). Im hinteren Teil des Sees verbessert sich die Transparenz nochmals erheblich. In diesem nahezu unberührten Sektor kann es glasklar werden. Man erreicht die einsamen Stellen am besten mit einem Mietboot.

Mühselig ist der Weg zum hinteren Gosausee, aber es lohnt sich.

Hinweis:
Der vordere Gosausee gilt als Hochgebirgssee mit oftmals extremer Transparenz. Die steinige Uferau wird von UW-Fotografen häufig für Gagaufnahmen (Fahrradfahrer, UW-Ski und Surfer) hergenommen. Schaden kann man dem See dadurch nicht.
Achtung: Der Bootsverleihsteg darf nicht von Tauchern für Ein- und Ausstiege benutzt werden.

8. Der hintere Gosausee
Seehöhe: 1.161 m; max. Tiefe 18 m

Wandert man am Nordostufer des vorderen Gosausees entlang, so gelangt man nach 3 km an einen Schneeschmelztümpel, die Gosaulacke. Ein Schnorchelgewässer, dessen Wasserstand nur von Regenfällen und der Schneeschmelze abhängt. Außer Fels ist auch nicht viel zu sehen. Kümmerlicher Pflanzenbewuchs und Wasserinsekten sind die einzigen Bewohner. In Trockenperioden verschwindet das Gewässer vollständig. Zum Fotografieren nach längeren

Regenfällen und einer Klärungspause ist der Tümpel bestens geeignet für Aufnahmen von UW-Landschaften und Schnorchelbilder mit Hochgebirgs-Feeling. Im Frühsommer ist die Gosaulacke ein Tummelplatz für Amphibien. Den eigentlichen hinteren Gosausee erreicht man durch einen erneuten Fußmarsch von weiteren 3 km. Fahren mit einem geländegängigen Fahrzeug ist nur mit Genehmigung der Behörden (BFo) möglich.
Der hintere Gosausee ist ein äußerst klares Gewässer, 20 m Sicht und mehr sind möglich. Mit dem gewaltigen Dachsteingletscher im unmittelbaren Hintergrund ist der See eines der idyllischsten und reizvollsten Gewässer im Salzkammergut. Und was schon an Land ein Traum ist, setzt sich unter Wasser in einem sagenhaften versunkenen Wald fort. Die vielen ins Wasser gestürzten Bäume ergeben in dem klaren Medium die besten Staffagen für Taucherbilder oder Gegenlichtaufnahmen.
Am Grund zeichnet sich eine starke Naturschwebeschicht ab, obwohl Uferregion und Seeboden eher steinig und felsig als schwammig sind. Pflanzenbewuchs gibt es nur wenig, vereinzelt trifft man auf Algenmatten am Ufer. An den versunkenen Bäumen bilden sich gelegentlich Schleimalgenvorhänge mit herrlicher Motivstruktur.
Trotz der Höhenlage gibt es im See ausreichend Elritzen, und kleine Flußbarsche huschen durch die Zweige der Unterwasserbäume. Für Filmer und Fotografen und Landschaftsgenießer ein attraktiver See, der leider etwas umständlich zu erreichen ist.

Hinweise:
Es gibt Tage im Jahr, da besitzt die nur 1,2 bis 1,5 m tiefe Gosaulacke eine Sichtweite von 60–80 m.
Im hinteren Gosausee gibt es einen Quelltopf-Krater von 10 m Durchmesser im glatten Fels. Wasser ohne Schwebestoffe.

Surrealistisches Bild eines seit Jahren im Wasser treibenden Astes.

9. Der Grundlsee

Seehöhe: 709 m; max. Tiefe 64 m

Der grüne Edelstein, wie Insider den Grundlsee auch nennen, hat ein Fassungsvermögen von über 170 Millionen Kubikmetern. Er ist 6 km lang und stellenweise 1 km breit, also keine Pfütze. Und doch hat der See im Verhältnis zu seiner Größe oft Sichtweiten, wie sie sonst nur in kleinen Quelltöpfen anzutreffen sind. Fährt man von Hallstatt über Bad Aussee über den ausgeschilderten Weg, so taucht der See nach 25 km auf: Wie ein überdimensionaler Smaragd liegt er in der Landschaft. Am Ende des Sees, beim Gasthaus „Rostiger Anker", parkt man. Die besten Tauchstellen befinden sich hier, was Film und Fotografie anbelangt. Die beiden kleinen Zuflüsse, die Toplitztraun und der Zimmritzbach, führen dem ohnehin schon klaren Grundlsee extrem transparentes Wasser zu. An den Frischwasserstellen liegt die Sicht oft bei 10–15 m, je nach Jahreszeit und Wetterbedingung – z. B. langanhaltende Trockenheit – kann es auch mehr sein.
Ein unwahrscheinlicher Pflanzenbewuchs von sagenhafter Dichte und Schönheit wuchert teilweise bis zur Oberfläche. Tausenblattwälder und Wasserpestwiesen wechseln in den Farben von pastell- bis dunkelgrün, dazwischen leuchten die purpurroten Stengel einer magisch in die Höhe ragenden UW-Flora. Im Dickicht der Pflanzen und über dem Uferkies stehen dichte Wolken von Elritzen.
Die kleinen Schotterlaicher kann man gegen Ende des Sommers dicht an dicht in Steinkuhlen fotografieren. Im Grundlsee sind Aufnahmen von Fischschwärmen mit etwas Glück durchaus zu realisieren. An dieser Stelle sogleich der Hinweis, daß Ende Oktober die Laichzeit der Aalrutten stattfindet. Diese ziehen sich im Grundlsee in einer Tiefe zwischen 12 und 15 m zu dicken Knäueln zusammen, um im versunkenen Herbstlaub ihrer Tätigkeit des Paarens und Ablaichens nachzukommen. Die Rutten sind während der Kopulationszeit zwar permanent in Bewegung, aber dennoch nicht kamerascheu. Wer die Oktoberkälte nicht fürchtet, der kann ein wahrhaft imposantes Schauspiel mit Hunderten sich umschwimmender Aalrutten beobachten.
Überhaupt gibt es im Grundlsee Fische, daß man aus dem Staunen gar nicht mehr herauskommt: Saiblingsschwärme, Regenbogenforellen, Hechte en masse zwischen unzähligen versunkenen Bäumen und gigantische Seeforellen. Die größte wog immerhin 26,4 kg und war 1,17 m lang. Das ist Europarekord! Und es sollen sogar noch größere Exemplare gesichtet worden sein. Den absoluten Seerekord hält allerdings ein Lachs von 27,5 kg. Und noch eine Tierart, über die man gerne achtlos hinwegschwimmt, bevölkert in dichter Form die Äste der Bäume und die Wirteln der Pflanzen: Es sind Süßwasserpolypen. Zu Millionen sitzen sie dicht gedrängt, erregt pulsierend, gierig ihre Fangfäden ausstreckend auf jeder nur möglichen Freifläche. Was aussieht wie

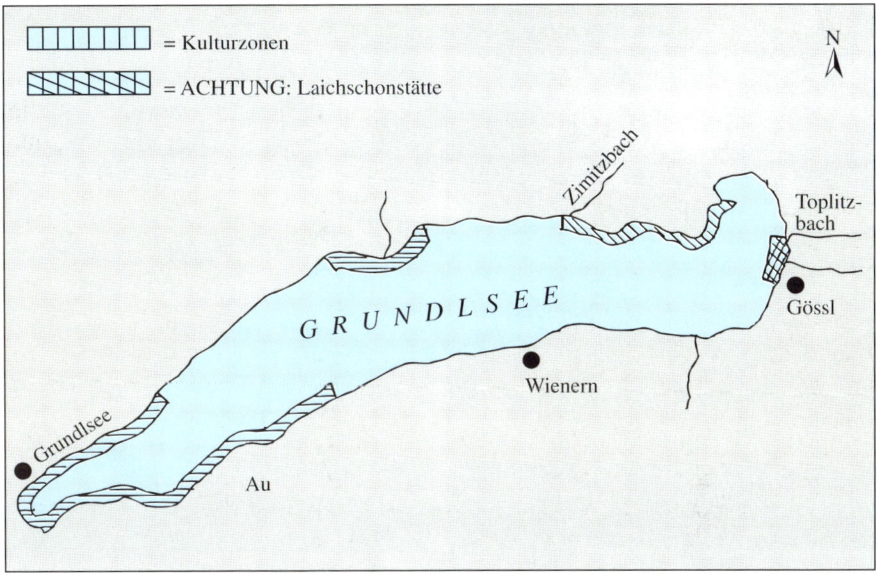

feiner Flaum, das sind in Wirklichkeit hungrige Jäger mit Appetit auf Kleinstlebewesen. Im Maßstab 1 : 1 oder 2 : 1 sind die beeindruckenden Blumentierchen hinreichend groß abzulichten. Süßwasserpolypen sind fast farblos. Damit man ihre Struktur gut sichtbar machen kann, ist ein weich zeichnender, pastellartig abbildender, doch zugleich scharfer, aber nicht grell-kalter Film erforderlich. Ein Iso 50/18°-Film kommt diesen Anforderungen entgegen, da er bei kurzen Belichtungszeiten und im Licht des Elektronenblitzes bei kleiner Blendenöffnung (16 bis 22) ein extrem scharfes und feinkörniges Bild liefert, dessen Kontrast überaus wirksam mit dem nachtschwarzen Hintergrund des Wassers harmoniert.

Der Grundlsee friert im Winter immer zu. Er eignet sich vorzüglich für Winter- und Eistauchen. Sein Wasser ist aufgrund kalter Zuflüsse stets kühl. Auch im Hochsommer kommt man beim Baden regelmäßig ins Frösteln. Eigentlich gibt es keine schlechten Tauchstellen, überall ist etwas los, Bäume, Pflanzen, Fische, Felsen und außergewöhnliche Fundstücke mit brauner Vergangenheit …

Am Seeanfang liegt rechter Hand ein kleines Seeschloß: die Villa Castellione. In den Pflanzenwäldern (bitte nicht mutwillig zerstören!) vor der ehemaligen Marineversuchsstation für U-Boote und Torpedos liegen noch ferngesteuerte Mini-U-Boote, Übungs-Torpedos und die sog. Wunderwaffen der SS im Schlamm. Fundstellen bitte unverzüglich melden.

Grundlsee und Campingplatz beim Gasthaus „Rostiger Anker".

Die Villa Meran war eine Unterkunft der deutschen SS. In der Uferregion davor lagen viele NS-Embleme und auch Propagandamaterial.
Im Ort Gössl am hinteren Ende des Sees befindet sich das Schlößchen Grundlsee, heute Villa Roth und ehemals Villa Goebbels, die Sommerresidenz des ehemaligen Reichspropagandaministers. Im Keller der Villa wurden während des 2. Weltkrieges die englischen Pfundnoten gedruckt, mit denen man Großbritannien wirtschaftlich in die Knie zwingen wollte.
Die Seeregion im Bereich der Villa Roth ist ein interessantes Gelände. Hier hat man deutsche Torpedoraketen geborgen (Geheimwaffen!), die von den Amerikanern in den 50er Jahren in etwas veränderter Form als Polaris-Rockets vorgestellt wurden.
Ungefährlicher sind da die Relikte aus früheren Jahrhunderten, die man schon im seichteren Wasser gefunden hat: Bügeleisen, Blecheimer, alte Löffel, Keramik, Glasflaschen, Ofenkacheln und verrostete Handfeuerwaffen (harmlos). Der Grundlsee ist eigentlich zu schön und fotografisch zu wertvoll, als daß man ihn zu einem Gräberfeld umfunktionieren sollte. Daran ändert auch die Sage nichts, daß vor dem Schlößchen Grundlsee der mythenbehaftete NS-Schatz von 60 Tonnen Gold liegen muß, den man aufgrund seines enormen Gewichtes nicht im Toplitzsee versenkt, sondern in den Grundlsee geworfen haben soll und damit alle Schatzsucher in die Irre geführt hat.
Wie dem auch sei, mit oder ohne Schatz, der Grundlsee ist ein Goldstück, dessen innerer Wert in der wirklich beeindruckenden Flora und Fauna liegt.

Wo liegt das Gold im Grundlsee? Schatztaucher sind noch immer auf der Suche.

Unter Fotografen gilt der Grundlsee als Topgewässer.

10. Der Hallstättersee

Seehöhe: 508 m; Tiefe 125 m

Unter den Großgewässern des Salzkammergutes ist es vermutlich das Interessanteste. Sein Einzugsgebiet erstreckt sich zu einem Drittel über den Karst des Dachsteins, von wo aus die Schmelzwasser in unterirdischen Bächen in weniger als fünf Stunden den See erreichen. In kalten Wintern friert der See vollständig zu, was zu einem regen Eistauchbetrieb vor der Tauchschule Zauner geführt hat. Vermutet wird, daß der Hallstättersee am Westufer warme Quellen haben soll, da hier das Eis im Winter viel dünner ist. Allerdings hat man diese Quellen noch nicht gefunden.

Der Hallstättersee ist außerdem einer der größten Fischlieferanten für die heimische Gastronomie. Die Berufsfischer entnehmen dem See jährlich fast 10 t Edelfisch, die zur Freude der zahlreichen Besucher aus nah und fern in den Gaststätten fangfrisch verarbeitet werden. Gefangen werden hier u. a. die größten Hechte des gesamten Salzkammergutes. Im Gasthof „Hallberg" in Hallstatt zieren riesige präparierte Hechtschädel die Wände, von deren Ausmaßen man einfach beeindruckt sein muß. Über 1,5 m sollen diese Raubfischgiganten erreichen. Allerdings ist es noch keinem Taucher gelungen, einen solchen Riesen zu fotografieren, denn Hechte dieser Größenordnung stehen sehr oft im Freiwasser (in der Nähe großer Fischschwärme) und auch tiefer als gewöhnlich.

Was man jedoch sieht, auch am Tage, sind Rotaugen, Groppen, Saiblinge, Aitel, Reinanken (mehr im Freiwasser) und Flußbarsche sowie Aalrutten und Seeforellen, die aber seltener sind.

Der Hallstättersee trübt sich während der Schneeschmelze und nach starken Gewittern ein, dann ist Tauchen nur nachts empfehlenswert. Sonst bestehen während des ganzen Jahres wechselnde Sichtweiten von 5 bis 20 m (im Quellbereich). Taucheraufnahmen sind also durchaus zu realisieren. Die Oberflächentemperatur des Sees steigt selten über 25 °C, er zählt insofern zu den kühlen Seen, ist aber dennoch als Badesee wegen seines sauberen Wassers sehr beliebt.

Eine sagenhafte Makrowelt hat sich unter den Bootshütten von Hallstatt angesiedelt. Die riesigen, mit Wasser vollgesogenen Bohlen und Bretterstützen beherbergen an ihrer rauhen Oberfläche eine Artenvielfalt kleiner Wassertiere, daß es eine Freude ist, mit dem Makroobjektiv auf Jagd zu gehen. Wasserkäfer paddeln über Süßwasserschwämme, Köcherfliegenlarven en gros rutschen mit ihren Häuschen durch Schleimalgen, Wasserschnecken in allen Variationen gleiten an vereinzelten Wasserpflanzen in die Höhe, Süßwasserpolypen kleben in kleinen Nischen, finster blickende Groppen starren aus kleinen Vertiefungen und glitzernde Jungfische huschen zwischen wenig erbaulichem Abfall umher.

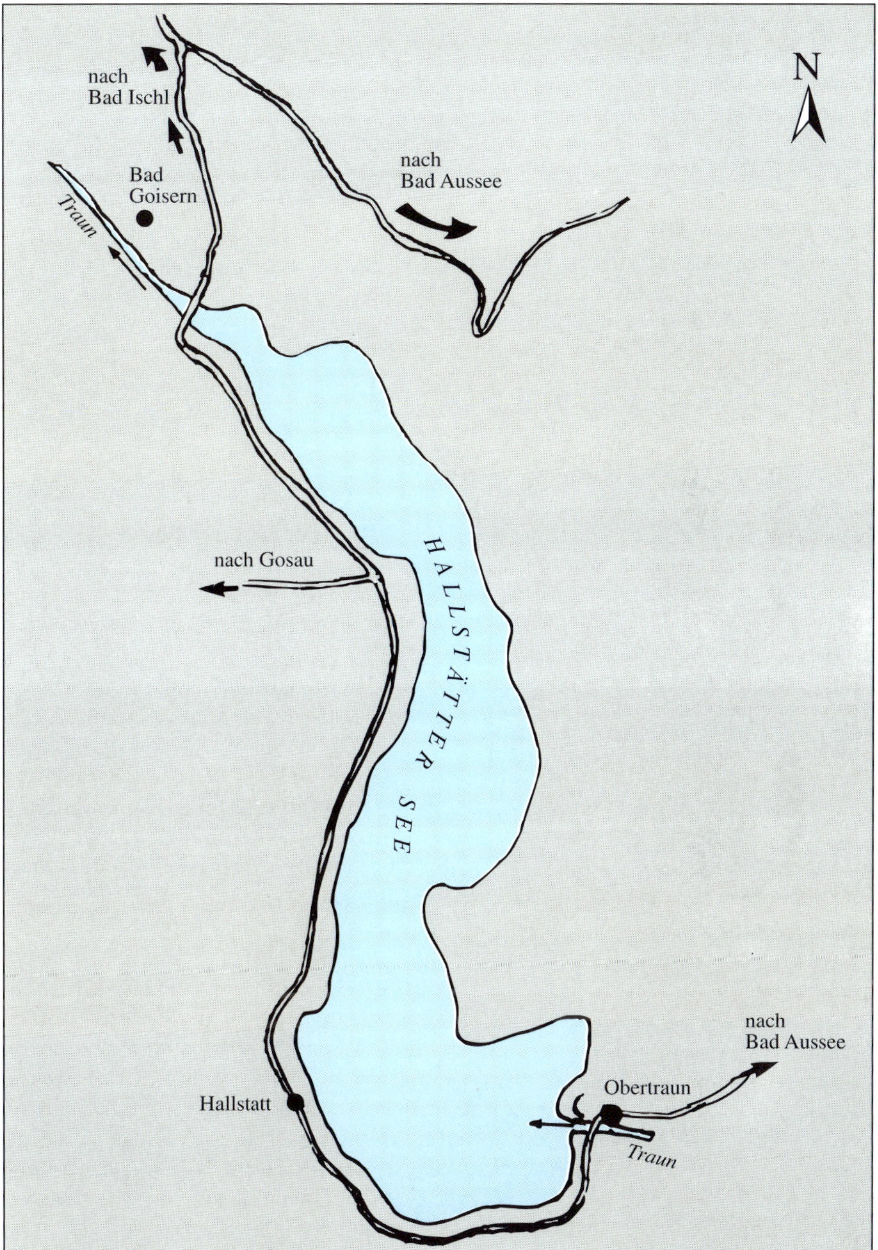
N
nach
Bad Ischl
Bad
Goisern
Traun
nach
Bad Aussee
nach Gosau
HALLSTÄTTER SEE
Hallstatt
Obertraun
nach
Bad Aussee
Traun

Elritzen sondern sich nur bei Nacht von ihrem Schwarm ab.

Einwanderer aus Ostasien: der Amur-Karpfen.

Karauschen sind äußerst zähe Fische.

Unschlagbar bunt: der Sonnenbarsch.

Das ist leider die Kehrseite der Medaille in Hallstatt, dessen Bewohner dem Tauchsport kein allzu großes Verständnis entgegenbringen, obwohl er mittlerweile zu einem nicht unbeträchtlichen Wirtschaftsfaktor geworden ist. Der Autor hat mit eigenen Augen beobachten können, wie im Stadtkern zerschlagene Flaschen und anderer, für Badegäste gefährlicher Unrat (Drahtrollen, Moniereisen etc.) in Ufernähe in den See geworfen wurden, wohl in der Absicht, Taucher und Badende zu vertreiben. Keine schöne Sitte, zahlende Urlauber zu vergraulen, vom mangelnden Verständnis für die Natur im See ganz zu schweigen. Das laxe Gewissen vieler Verantwortlicher mag auch schuld daran sein, daß der See bei Hallstatt kaum Flora besitzt. Der gesunde Seeboden wurde nämlich (systematisch oder unbewußt?) fast nahtlos mit Bauschutt zugedeckt.

Wer Pflanzen und andere attraktive Dinge wie Bäume mit Schleimalgen etc. fotografieren oder auch nur sehen möchte, der muß mit einem Boot zum Ostufer fahren. Dort gibt es noch unverfälschte Natur. Ruder- oder Tretboote leiht man sich entweder beim offiziellen Bootsverleih oder man benutzt die Militärkähne der Tauchschule Zauner.

Eine ausgezeichnete Tauchstelle befindet sich an der Gosaumühle. Hier kann man Einmaliges sehen, nämlich braun-gelbe Aalrutten in sattgrünen Algenmatten. Ein Genuß fürs Auge! Interessante Tauchgründe liegen auch bei den Rast- und Campingplätzen an den Lawinenverbauungen. Herrlich gefärbte Schnecken und Elritzen tummeln sich im Schutz von Wassergras. Große Lachsforellen stehen vereinzelt in Unter- und Obersee, während im Bereich Obertraun (Bucht) sowie an den Einläufen der verschiedenen Bäche und der Traun ein wildromantisches Ufer entlang des Schlosses Grub bis zum Eisenbahntunnel mit exzellentem Fischbesatz aufwartet.

Der See um das Ortszentrum von Hallstatt ist die größte Müllhalde aller Salzkammergutseen. Seit Urzeiten haben die Anwohner alles, was nicht mehr zu gebrauchen war bzw. verschwinden mußte, in den Hallstättersee geworfen. Man fand buchstäblich jede Art von menschlichem Abfall, vom antiken Glas (mittelalterlich) bis zum modernen Klobecken, Bierflaschen, Keramik, Bauerngeschirr, Handwerkszeug, Blechnäpfe, Ofenkacheln und Kriegsmaterial (Waffen und Embleme). Auch in Alkohol eingelegte Föten und merkwürdige Knochen hat man schon entdeckt. Das kunterbunte Allerlei erstreckt sich vom Haus Hofer bis zum letzten Bootshaus im Ortsteil Lahn. Neben der Seestraße barg man Tschechische Kronen (Falschgeld aus der NS-Zeit!) und mundgeblasene Mineralflaschen.

Im Bereich der Badeinsel lagen in 40 m Tiefe viele Munitionskisten. Schloß Grub war im Dritten Reich Ausbildungslager der HJ. – Bajonette, Stahlhelme, Standarten und Propagandamaterial ruhen noch in großer Zahl in der Bucht.

Hallstatt stammt aus der Keltenzeit und ist über 4000 Jahre alt.

Im gesamten Seeuferbereich von Ober- und Untersee fand man dazu auch interessante Stücke bäuerlicher Vergangenheit – Töpfe, Gläser, Tierfallen, Küchenutensilien und Hausrat aller Art.
Vor der Schiffsanlegestelle am Lerchenbach liegt in 42 m Tiefe ein amerikanischer Jeep.
Bei den Orten Gamsbartlfeld und Hoiselfeld fanden Taucher ein Schwert aus der Hallstattkultur, Alter etwa 2.900 bis 2.400 v. Chr. Kulturhistorische Funde dieser oder ähnlicher Art müssen unbedingt gemeldet werden, da ein nationales Interesse an der lückenlosen Rekonstruktion der Hallstattzeit besteht. Darunter fallen auch keltische Werkzeuge und Waffen wie Steinbeile, Äxte und Knochendolche.
Da im Hallstättersee verschiedene Fischereischutzzonen angelegt sind, deren Örtlichkeit wechselt, sollte man in der Tauchschule Zauner in Hallstatt, Seestraße 113, die letzten Informationen einholen.

11. Der Hintersee
Seehöhe: 688 m; max. Tiefe 35 m

Fährt man vom Wolfgangsee nach Hof (Heimatort des Automobilrennfahrers Niki Lauda), so führt beim Gasthof „Baderluck" eine asphaltierte Fahrstraße 5 km bergauf.
Der Hintersee ist ringsum von Wald umgeben, liegt etwas abseits vom Touristenrummel und war früher kaum bekannt. Sein Wasserstand ist wechselhaft und weitgehend von den Niederschlägen abhängig.
Das dunkelgrüne Wasser hat eine durchschnittliche Sicht von 5 m im Jahresmittel. Flora ist kaum vorhanden, die wenigen Pflanzen sind allerdings sehr schön, gut erhalten und machen einen frischen und gesunden Eindruck. Der Fischbestand ist mäßig, einige Elritzen, Saiblinge, Forellen und Groppen.
Sehr beeindruckend sind allerdings die vielen ins Wasser gestürzten Bäume, an denen gegen Ende des Jahres weite Algenvorhänge ins Wasser driften. Ungeklärt ist, woher die Unmengen Holzpfähle stammen, die im Schlamm stecken. Pfahlbauten werden hier nicht vermutet. Dennoch bilden sie eine gute Kulisse für Taucheraufnahmen.
Der Ort Feistenau am Hintersee war der letzte beurkundete Lagerort des deutschen Reichsschatzes. Es gibt Unterlagen und Hinweise, nach denen dieser Schatz im Hintersee seine letzte Ruhe gefunden hat. Man spricht von 60 t Gold, die hier versenkt sein sollen. Die angebliche Fundstelle soll der Abfluß zum E-Werkstollen sein. Dorthin führte auch die schmale Schienenspur für Loren, in denen das wertvolle Gut transportiert worden sein könnte. Reste der Schienen und der Loren liegen noch sichtbar am Wanderweg.
Dem Verfasser des Buches „Der Banditenschatz", Mader, zufolge liegen die Goldkegel und Barren allerdings im Toplitzsee. Daß SS-Truppen aber auch hier am Hintersee tätig waren, dokumentiert sich in gefundenen NS-Emblemen, Militärkochgeschirr und Hakenkreuz-Anstecknadeln. Vorsicht, es können auch Giftampullen im Wasser liegen, mit denen hohe SS-Leute in ausweglosen Situationen Selbstmord begehen wollten. Die toxischen Mittel sind neben Zyankali und Blausäure unbekannte Geheimgifte der deutschen Waffen-SS. Wie in allen solchen Fällen, sollte man die Fundstelle markieren und die Behörden verständigen.

Die meisten Lacken sind glasklar und bestens geeignet für Landschafts-aufnahmen.

Kiesbett eines Flußnebenarmes mit überspülten Wiesenpflanzen.

12. Der Irrsee

Seehöhe: 572 m; max. Tiefe 25 m

Etwa 60 km von Hallstatt entfernt, am Mondsee vorbei, unterquert man die Autobahn Salzburg–Wien und folgt der Beschilderung.
Der Irrsee ist ein biologisch gesunder und urwüchsiger See mit einer tollen Flora. Doch sollte man sich eher auf den Nahbereich verlegen, da der See trotz einer intakten Pflanzen- und Tierwelt nicht übermäßig klar ist. Im Herbst beträgt die Sicht ca. 3 m, im Sommer gerade 1 m. Ein gewaltiger Planktonhaushalt ist die Ursache für die schwache Transparenz. Der See beherbergt viele Riesenhechte, große Forellen und Weißfische. Im Frühjahr ist er ein Anziehungspunkt für die Amphibien der ganzen Umgebung. Neben Erdkröten und Fröschen trifft man auf seltene Molche, Unken und Salamander.
Obwohl weder detaillierte Funde noch spezifische Hinweise eruiert werden konnten, gilt er als pfahlbauverdächtig. Vermutlich liegt alles unter einer dicken Schlammschicht verborgen.

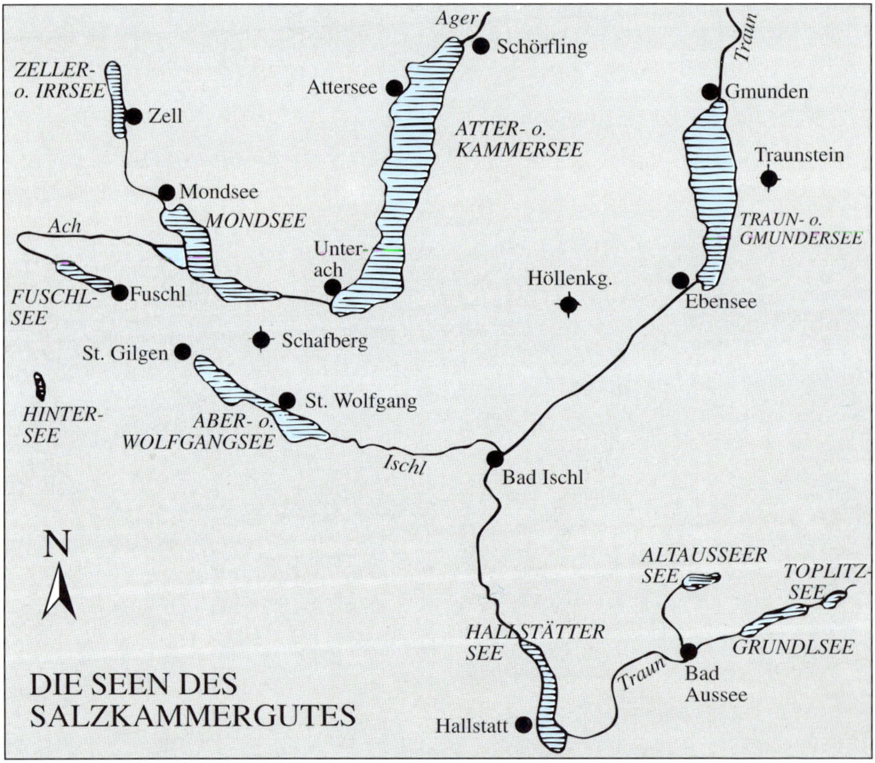

Ein am See liegendes Bauerngut war die ehemalige Richtstätte im Glaubenskrieg zwischen Protestanten und Katholiken. Die Massenexekutionen sind belegt. Die Überreste, teilweise ganze Skelette, der Unglücklichen hat man kurzerhand in das nahegelegene Wasser geworfen.

13. Der Kammersee

Seehöhe: 750 m; max. Tiefe 18 m

Um diesen See zu erreichen, muß man mit einem Mietboot den Toplitzsee der Länge nach überqueren. Es gibt keine andere Möglichkeit, den Kammersee mit einer Tauchausrüstung zu besuchen. Die an der Jausenstation „Fischerhütte" liegenden Motorplätten (flache Holzboote mit Außenbordmotor) sind für den Transport auch umfangreicher Tauchequipments und Kameras bestens geeignet. Man sollte den Kammersee entweder im Frühjahr oder aber im Herbst besuchen, wenn der Touristenstrom nicht ganz so stark ist. Durch den Hinweis „Ursprung der Traun" zieht der See viele Besucher an. Als einzige wahre Traunquelle erachtet man den Zufluß in den Felsen oberhalb des Kammersees, der in regenreichen Jahren gischtend in das Seebett fällt. Der eiskalte und eisklare Quellbach führt reinstes Trinkwasser mit sich, was den Kammersee stellenweise in ein Kristallgewässer verwandelt.

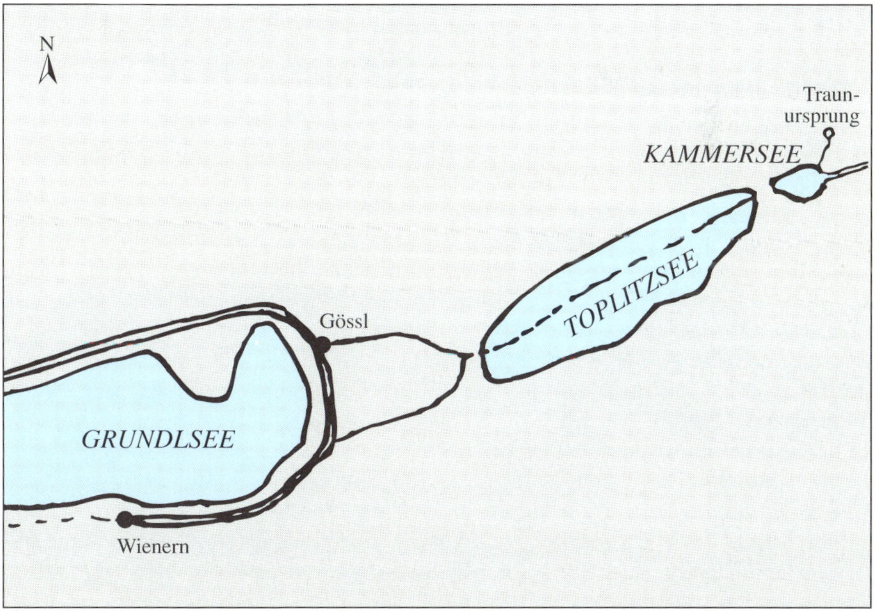

10 Minuten währt die Fahrt mit der Fähre in den hinteren Teil des Toplitzsees. Auf einem kleinen Rastplatz mit Sitzbänken, geschützt durch hohe Laubbäume, kann man sich umziehen. Es sind von hier aus noch etwa 10 Minuten zu Fuß, steil bergan über Holzstufen, glitschiges Moos und Laub. Ein Doppelzehnerpack ist nicht empfehlenswert und ohnehin nicht nötig.
Wie ein Märchensee liegt er inmitten der Berge. So versteckt, daß Fotografen die Tageszeit berücksichtigen müssen, wollen sie das Tageslicht in die Bildgestaltung miteinbeziehen. Im Hochsommer fallen die Sonnenstrahlen von 10.00 bis 16.00 Uhr in den See, im Herbst nur noch von 14.00 bis 15.00 Uhr. Linker Hand erstreckt sich eine felsige Uferzone mit enormer Sicht – mindestens 10 m, oftmals 20 m. Der Untergrund ist mit satt-grünen Algen bedeckt, vereinzelte Äste ragen bizarr ins klare Wasser. Im Herbst liegen und schweben bunte Blätter durch das transparente Medium, bilden pittoreske Farbtupfer in der monochrom-kalten Landschaft.
Die Seemitte ist kahl, einzelne Wurzelstöcke mit Schwammbewuchs. Sehr gut für Taucher mit UW-Landschaft (Film und Foto). Viele Bäume und Astwerk bedecken rechts an der großen Felswand den Seegrund, leider liegt diese Ecke fast immer im Schatten des Berges, so daß primär hochempfindliche Filme und Kunstlicht eingesetzt werden müssen.
Der Bewuchs, mit Ausnahme der Algen, ist sehr spärlich, ebenso rar macht sich die Tierwelt. Nur vereinzelte Aalrutten, Groppen und verkümmerte Saiblinge bevölkern den Kammersee. Die Saiblinge stellen die Überreste einer ehemals hier angesiedelten Salmonidenzucht dar, die wegen Mißerfolges aufgegeben wurde. Von den Einheimischen werden die durch Inzucht, Nahrungsmangel und unwirtliche Umgebung degenerierten Fische „Schwarzreiter“ genannt. An ein Ablichten ist praktisch nicht zu denken, so flink und scheu ist diese Spezies.
Auf dem grün-braunen Schlammgrund haben sich schön gemusterte Ornamente gebildet. Bedingt durch die hohen Steilwände am hinteren Ende der Wasserfläche liegen immer wieder verendete Säugetiere (vermutlich abgestürzt) am Seegrund, wie z. B. Marder, Eichhörnchen, Nagetiere und Hasen. Gespeist wird der Kammersee durch Zuflüsse, teils unterirdisch, und kleine Quellen. Schneewasser und Regen füllen ihn zudem oft bis über sein Fassungsvermögen auf. Ein unterirdischer Abfluß mündet in den Toplitzsee, der infolge des gefilterten Wassers ebenfalls im Quellbereich eine ungeheure Transparenz erfährt.
In heißen Sommern verkümmert der Kammersee zur Lacke mit kleiner Oberfläche und nur wenigen Metern Tiefe. Tauchen ist aber mit gewissen Einschränkungen immer möglich, z. B. im Quelltrichter. In regnerischen Jahren fließt das überschüssige Wasser durch eine von Menschenhand gehauene Felsschlucht, um mit Getöse in den etwas tiefer gelegenen Toplitzsee zu stürzen. Das Jahrhundertwerk wurde zwischen 1495 und 1549

Um in den Kammersee zu gelangen, muß man zuerst mit einem Boot die Gerätschaft an das hintere Ende des Toplitzsees transportieren.

von Holzknechten, Sträflingen und Kriegsgefangenen errichtet, damit Bruchholz und Baumstämme mittels Wasserkraft ins Tal befördert werden konnten. Heute ist der Canyon zum Abfluß degradiert, durch den bei Hochwasser große Seeforellen vom Toplitzsee in den Kammersee gelangen. Aufgrund der widrigen Lebensbedingungen werden sie so träge und lethargisch, daß man sie dann mit der Hand fangen kann.

Eingangs wurde bereits erwähnt, daß die maximale Tiefe 18 m beträgt. Dies ist der Normalpegel. Am 1. August 1977 maß man infolge starker Regenfälle eine Zunahme von 16 m, also insgesamt 34 m Tiefe. An solchen Tagen werden Wanderbänke, Wegsträucher und Wiesenblumen überschwemmt und bilden unter Wasser eine bizarre Kulisse.

Der Kammersee ist ein herrliches Tauchgewässer, eines der schönsten und der klarsten, dessen Besuch sich immer lohnt, auch wenn der Weg dahin etwas umständlich ist.

Bachforellen sind immer auf der Suche nach Nahrung.

Geheimnisvollster Fisch im Salzkammergut – der Schwarzreuter. Leben in ewiger Nacht in weitabgelegenen, nahrungsarmen Seen.

Ein unvorsichtiger Molch wurde von einem Zander erwischt.

Scheue Schleien sichtet man am besten in der Nacht.

14. Der Koppenwinklersee

Seehöhe: 536 m; max. Tiefe 2 m

Früher hat man ihn als Koppenbrüllerlacke bezeichnet, weil er nach längeren Schönwetterperioden austrocknet. Er ist einfach zu finden, von Hallstatt in Richtung Bad Aussee und beim Koppenpaß der Beschilderung folgen.
Der See liegt in einem Landschaftsschutzgebiet, so daß das Befahren des Forstweges nicht gern gesehen wird. Gehen Sie vom Parkplatz 5 Minuten zu Fuß, dann sind Sie am Ufer.
Der Koppenwinklersee ist kein Tauchgewässer im eigentlichen Sinne, eher einer Badekuhle für Schnorchler mit der Kamera. Das Überstreifen einer Preßluftflasche ist nur dann sinnvoll, wenn am Seegrund Makroaufnahmen durchgeführt werden.
Gespeist wird er durch Quellen und Karstwasser, dessen Lauf ca. fünf Stunden vom Plateau der Berge bis zum See dauert. Durch Regenfälle und Schmelzwasser ist der Wasserspiegel starken Schwankungen unterworfen. In heißen Sommern trocknet er aus, weshalb Fische gänzlich fehlen.
Über dem schlammigen Untergrund stehen Algen und niederer Bewuchs. Die Sicht ist fantastisch, 50 m und mehr. An den Kiesbänken ist es so klar, daß man beinahe zu träumen glaubt.
Im Frühjahr ist das Gewässer ein Dorado für Amphibien. Frösche, Unken, Molche und Kröten laichen in großer Zahl hier ab. Millionen von Kaulquappen färben dann die Uferregion schwarz. Es entsteht ein Gewimmel wie in einer Ursuppe. Kaum ein See bietet eine derartig umfassende Möglichkeit zur Beobachtung und Dokumentation von Froschlurchen. Und das alles in klarem Wasser bei erträglicher Temperatur. Auch längerer Sonnenschein reicht nicht aus, die Flachwasserzonen aufzuwärmen. In den Sommermonaten wäre der Koppenwinklersee ein beliebter Badeplatz für Kinder, aber die Wassertemperatur erreicht an den Seichtstellen wegen des Schmelzwassers vom Gletscher selten mehr als 18 °C.
Schöne Inseln mit herrlicher Flora geben dem See zudem ein reizvolles Flair. Bei Nachttauchgängen sieht man viele Wasserinsekten wie Asseln, Ruderwanzen, Libellenlarven, Strudelwürmer und Wasserkäfer. Ein See für Makro-Landschafts- sowie Halb-und-Halb-Fotografie, ungefährlich für Anfänger, ideal für die Familie mit Kleinkindern und zugleich interessant für alle Naturfreunde.

15. Der Krottensee (St. Gilgen)

Seehöhe: 610 m; max. Tiefe 60 m

Unter Fotografen und Hobbyarchäologen gilt er als Geheimtip. Zwischen Wolfgangsee und Mondsee liegt er rechter Hand kurz nach der Gemeinde St. Gilgen, etwas unscheinbar und verträumt. Man parkt entweder beim Gasthaus „Batzenhäusel" oder auf den kleinen Abstellplätzen am See. Bitte nicht in die Wiesen fahren. Der Krottensee ist ein Privatgewässer, daher sollte man sich im Schloß „Hüttenstein" die Genehmigung zum Tauchen einholen.
Der Besitzer ist ein sehr umgänglicher und kulanter Mensch, möchte allerdings informiert sein, was an und in seinem See passsiert. Durch das allgemeine Badeverbot ist die Uferzone sehr gut erhalten. Stellenweise bedecken wunderschöne Teichrosen nahtlos die Oberfläche. Sie wurden vom See-Eigentümer in mühevoller Kleinarbeit angepflanzt, sind wieder heimisch geworden und vermehren sich.
Ein wahrhaft beeindruckendes Erlebnis, zwischen den herrlichen Gewächsen Hechte auf der Jagd zu beobachten. Die zarten Stengel sind vorsichtig zu umschwimmen; das Pflücken der Blüten ist streng untersagt.
Die Ufer des Sees fallen steil ab, und rutschender Kies bildet eine zusätzliche Gefahrenquelle. Unter Wasser gehen die abrupten Tiefstellen zum Teil in meterhohe, massive Felswände über. Mitunter leicht überhängend stürzen sie wie in einem Kessel in die Tiefe. Bedeckt sind die Felsen mit langen Schleimalgenfäden, die in atemberaubendem Farbkontrast zum rötlich schimmernden Gestein stehen. Neben der überaus fruchtbaren Flora, die dem See eine interessante Note gibt, ist die Fauna nicht minder entwickelt, und das,

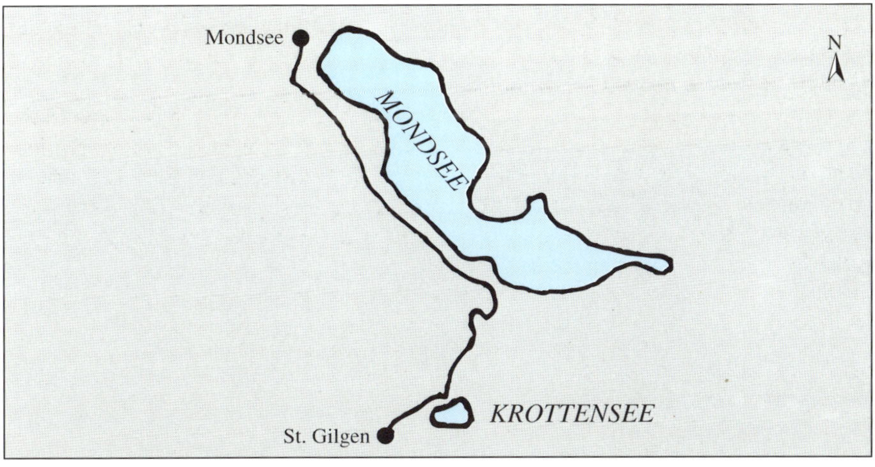

obwohl der ab 20 m Tiefe stark schwefelhaltige See in der Tiefe kein Leben duldet.
Frischwasser erhält er von zwei kleinen Zuflüssen und vom Regen. Verlandungstendenzen können festgestellt werden – früher einmal soll der See die doppelte Größe gehabt haben.
Vermutlich ist er der See im Salzkammergut mit der größten Populationsdichte an Süßwassermoostierchen. In dicken Trauben hängen sie im Ufergeflecht, an Bäumen und bedecken die Bohlen der Bootshütten wie weißer Flaum. Kleine Barsche zupfen immer wieder Stückchen davon ab, aber die Vermehrung der Moostierchen erfolgt überaus akzellerativ.
Viele Weißfische, Hechte und große Brassenschwärme trifft man im Geäst der unzähligen Bäume. Gegen Abend steht die Sonne ideal für Gegenlichtaufnahmen in der Nähe der Bootshäuser. Schleimalgenbewachsener Forstbruch spaltet das Sonnenlicht in dicke Strahlenbündel.
In 40 m Tiefe (in einer trichterartigen Vertiefung) liegt ein US-Jeep. Seit Urzeiten diente der Krottensee als natürliche Mülldeponie des nahegelegenen Schlosses. Eine komplette Schloßküche lag im See, mit Tellern, Tassen, Besteck, Töpfen, Pfannen und Krügen. Mittelalterliches Werkzeug, Keramik und mundgeblasenes Glas von einer Schlammschicht überdeckt.
Wer im Krottensee fotografiert hat, sollte dem Seebesitzer einige Farbabzüge schicken; er freut sich, und das gute Verhältnis zu uns Tauchern bleibt gewahrt.

Üppich wuchernder Stock der gelben Teichrose.

Zu den faszinierendsten Wasserpflanzen gehören die Seerosen (oben); wild wuchernde Seerosenstöcke überziehen die Uferzone (unten) im Krottensee.

16. Der vordere Lahngangsee
Seehöhe: 149 m; Tiefe 75 m

Vom Ort Gössl am Grundlsee aus führt ein anstrengender und steiler Weg von der Villa Roth durch den Wald an den vorderen Lahngangsee.
Nur sehr durchtrainierte und konditionsstarke Taucher sollten zu Fuß mit der Gerätschaft an den See wandern. Es besteht mit Einwilligung der Forstbeamten auch die Möglichkeit, etwa die Hälfte des Weges zu befahren. Unbedingt müssen die frühen Morgenstunden zum Anstieg gewählt werden, denn in der Mittagshitze wird der Anmarsch zu einer Schinderei. Ohne Auto geht man ca. vier Stunden, mit Auto (Teilstück befahrbar) immer noch gut eineinhalb Stunden. Aus geographischer Sicht ist es nicht möglich, bis an das Gewässer zu fahren, auch nicht mit einem Geländewagen. Immer, wenn man meint, jetzt müßte der See eigentlich auftauchen, sieht man wieder nur Wiesen und Felsen. Eine solche Wand, das „Grausengatterl" genannt, läßt bei vielen Mut und Hoffnung sinken. Unterwegs kann man aus den plätschernden Bächlein und Quellen trinken. Sie führen bestes Trinkwasser mit sich.
Der See selbst ist ein Traum: extrem klar (fast 20 m Sicht) und von wunderbarem Grün. Bedingt durch die Höhe ist der Bewuchs nur schwach, aber sehr schön. Kleine Algenmatten in zartem Filigran überziehen die Ufersteine. Bitte unbedingt die veränderten Nullzeiten beachten – sehr tiefer Bergsee.
Fische gibt es erstaunlich viele, u. a. Elritzenschwärme, Forellen, Koppen, Schwarzreuter-Saiblinge und Rutten. Vereinzelte Bäume und Astwerk eignen sich hervorragend für Panoramabilder, Taucheraufnahmen, Gegenlicht und dergleichen mehr. Ein typischer Fotografen-See, in dem man einmalige Fotos gestalten kann.

Der hintere Lahngangsee
Seehöhe: 149 m; max. Tiefe 35 m

Vom vorderen Lahngangsee sind es noch ca. 15 bis 20 Minuten zu Fuß. Im Wald zwischen den Almen und Hochmatten wachsen riesige Heidelbeeren, vereinzelt wie kleine Kirschen. Sie sind unglaublich fruchtig und aromatisch. Zwischen dem vorderen und dem hinteren Lahngangsee befindet sich eine kleine Lacke (Froschteich), deren Speisung durch Regenfälle und Schnee gesteuert wird. Ein interessantes Biotop, aber nur zum Schnorcheln geeignet. Im hinteren Lahngangsee ragt eine Insel aus der Seemitte. Ein hochinteressantes Terrain für Makro- und Weitwinkelobjektive.
Felsbrocken und Steine prägen das Gesicht dieses Bergsees, zusammen mit einer enormen Sicht (15 bis 20 m). Er ist sehr kalt und verhältnismäßig tief. Veränderte Nullzeiten beachten! Über sporadisch vorkommender Flora stehen

Hochgebirgsfische wie Saiblinge, Schwarzreuter, Elritzen und bastardisierte Forellen. Koppen und vereinzelte Aalrutten liegen im Schlamm. Versunkene Bäume, natürlicher Forstbruch (Unwetterholz) und Reisig bedecken stellenweise den Seegrund.

18. Der vordere Langbathsee

Seehöhe: 664 m; max. Tiefe 27 m

In Ebensee (am Traunsee gelegen) ist der Weg bereits im Ortskern beschildert. Eine gut ausgebaute Fahrstraße führt bis an den See. Großer Parkplatz am Seehotel „Kofler“. Der vordere Langbathsee ist 3 km lang und stellenweise bis zu 1,5 km breit. Auch große Tauchgruppen finden noch individuelle Stellen. Im klaren Wasser, Sicht teils bis 10 m, tummeln sich viele Forellen. Sie entstammen einer angesiedelten Zucht. Auch die Futterfische der ewig hungrigen Forellen (Elritzen und Groppen) sind in großer Zahl vorhanden. Die Unterwasserwelt ist eintönig, wenig Pflanzen, kaum Bäume. Im Sommer ist der See ein beliebter Badesee, der sich in Ufernähe stark aufwärmt, aber dennoch erträglich transparent bleibt. Das ist ideal für Kinder und eventuelle Süßwasser-Aktaufnahmen, die in der Regel entweder an der Kälte oder am trüben Medium scheitern.
Das wildromantische Gewässer ist bestens geeignet für Nachttauchaufnahmen, Forellenfotografie und Taucherportraits hinter den wenigen Felsen. Was den See so sympathisch macht, sind die bequeme Art, ihn zu erreichen, sowie die familienfreundlichen Badestellen. Viele Wildenten bevölkern Ufer und See. Das um den See herumführende Forststräßchen ist im Winter eine der besten und schönsten Langlaufloipen Österreichs.

Hinweise:
Der vordere Langbathsee kann nur mit Genehmigung der Tauchschule Gigl, A-4802 Ebersee, Tel. 00 43-(0)61 33-63 81, betaucht werden.
Was den vorderen Langbathsee so interessant macht, ist seine durchgängige Jahrestransparenz, die kaum Trübstoffe zeigt. Für Makrofotografen ist das Gewässer wegen der vielen Insektenlarven und Polypen ein Dorado.

19. Der hintere Langbathsee
Seehöhe: 753 m; max. Tiefe 56 m

Die Forststraße vom vorderen zum hinteren Langbathsee darf nur zu Fuß begangen werden. Deshalb muß man die Ausrüstung leider gut 45 Minuten lang tragen. Es empfiehlt sich, eventuell nur das Schnorchelequipment und eine leichte Kamera vorzusehen.
Der See ist noch klarer als der vordere Langbathsee, mehr als 10 m Sichtweite sind möglich. Ein Supersee für Tauchersequenzen, Landschaften und Stimmungsfotos. Auch wenn nur geschnorchelt wird, bietet das klare Wasser genügend Möglichkeiten schöpferischer Fotografie. Die Forellen sind wunderschön gezeichnet, glitzern im Sonnenlicht und sind nicht übermäßig scheu.
Der Untergrund ist sehr felsig, kleine Senken und Spalten sorgen für Abwechslung. Obwohl kaum Flora vorhanden ist, ist die Ablichtung des wenigen, was vorzufinden ist, unbedingt der Mühe wert (Nahbereich!).
Auch der hintere Langbathsee ist in der Hauptreisezeit ein beliebtes Ausflugsziel mit Badecharakter. Beide Seen sollten entweder in der Vor- oder Nachsaison besucht werden. Man wird dann durch bessere Sichtweiten entschädigt und ist der übermäßigen Neugier anderer Urlauber nicht so sehr ausgesetzt.

Nur wenige Taucher sind je einer Schmerle begegnet.

Flußbarsche besiedeln nahezu alle Salzkammergutgewässer.
Ihr Laich hängt im Frühjahr in breiten Bändern an Wasserpflanzen.

20. Der Laudachsee

Seehöhe: 881 m; max. Tiefe 26 m

Von Gmunden führt der Weg zur Grünberg-Seilbahn (beschildert) über die Jausenstation „Ramsauer Alm“ (Regenerierungsrast) mehr als eineinhalb Stunden über einen Forstweg an die Ufer des Sees. Der Marsch mit Gerät und Kameraausrüstung ist anstrengend.

Die Sicht kann 10 m erreichen, allerdings nur im Herbst. Leider ist der Laudachsee im Sommer sehr stark frequentiert und hat zudem noch eine lange Blütenzeit (Trübwasser). Er ist in der Haupturlaubszeit einer der meistbewanderten Seen im Salzkammergut und trotz eines bachartigen Zuflusses und einiger Grundquellen auch einer der wärmsten (bis zu 26 °C). Der Fischreichtum ist beachtlich, Forellen, Hechte, Saiblinge, Weißfische, Groppen und Rutten in großer Zahl. Die gefangenen Hechte erreichen Maßgewichte von über 16 kg bei ca. 1 m Länge. Elritzen lassen sich mit Brot füttern.

Früher beherbergte der Laudachsee viele Edelkrebse, die aber fast alle durch die Krebspest vernichtet wurden. Heute gibt es verschiedene Arten von Süßwasserkrebsen. Bei frühem Wintereinbruch trägt der See bereits im November eine ausreichend starke Eisdecke (Eistauchen ist möglich!)

Die Ufer sind stark bewachsen; interessante Pflanzen, die leider im Sommer von den vielen Badegästen in Mitleidenschaft gezogen werden, stehen im Herbst wieder gut erholt bis zur Oberfläche. Im vorderen Bereich am abgesägten Bootssteg direkt in der seichten Uferzone liegen Hunderte von Stahlhelmen der deutschen Wehrmacht. Es ist ungeklärt, wie sie in den See gelangt sind. Vermutet wird die Auflösung von Eliteeinheiten der SS, die am Seeufer „abrüsteten“.

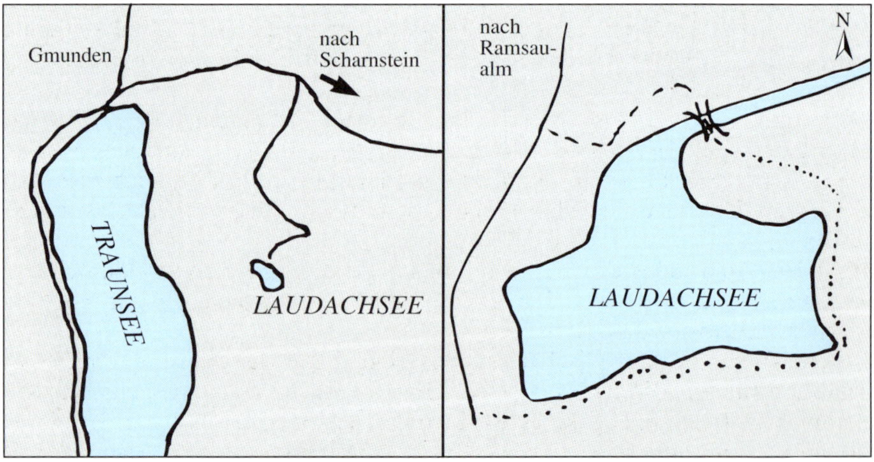

21. Der Maierbach

Seehöhe: 598 m; max. Tiefe 5 m

Der Maierbach ist ein Pachtgewässer der Kur-Apotheke in Bad Ischl. Sie müssen dort wegen der Tauchgenehmigung anfragen.
Führungen in die Gumpen werden durch die Tauchschule Zauner in Hallstatt vorgenommen. Dies gewährleistet, daß man nicht lange suchen muß und die besten Stellen gleich parat hat. Die Maierbach-Gumpen und Kessel sind nämlich nicht einmal auf Wanderkarten verzeichnet. Das Gewässer liegt in einem Landschaftsschutzgebiet, entsprechende Verhaltensweisen sind einzuhalten.
Im Ursprung des Maierbachs sprudelt Trinkwasser aus einer Quelle. Auf dem Weg ins Tal verbreitert sich das Bachbett, Steilstürze wechseln ab mit Jahrtausende alten ausgewaschenen Felsmulden. Einige sind metertief, so daß ein kleines Tauchgerät durchaus Sinn für Entdeckungstouren verspricht. Das Wasser ist so intensiv grün, daß seine Farbe direkt schrill und unnatürlich wirkt. Dabei ist die Transparenz überproportional gut. Selbst durch die großen Kessel (Durchmesser 10–20 m) kann man bei günstigem Lichteinfall quer hindurchsehen. Allerdings müssen Jahreszeit und Wetter stimmen. Wenigstens zwei bis drei Tage sollte es vorher nicht geregnet haben, damit sich die riesigen Gumpen klären können.
Im Frühjahr sollte wegen der Schneeschmelze nicht getaucht werden. Das gleiche gilt für die Tage nach starkem Regenfall. Dann verwandelt sich der Maierbach in ein reißendes und tosendes Wildwasser, dem nichts widerstehen kann. Riesige Geröllhalden, abgeknickte Bäume und anderes Schwemmgut geben auf den im Sommer ausgetrockneten Bachbettwiesen Zeugnis von der schlummernden Kraft des plätschernden Gebirgsbaches. Außer Forellen, Saiblingen und Groppen können sich daher keine anderen Fische halten. Einen Hecht oder ein Rotauge würde der frühjahreszeitliche Wasserstrom mit sich reißen.
Nicht ohne Risiko ist der Weg zu den Gumpen. Auf einem steilen Pfad und über glitschiges Gestein hangelt man sich zum Bachbett hinunter. Wer es ungefährlicher liebt, sollte überhalb der Maierbrücke in den seichteren Teil einsteigen. Dort ist es harmlos, und man kann sogar Kinder darin schnorcheln lassen.
Achtung: Nicht über die Wasserfallmauer gleiten. Das kann tödlich enden. Man fällt zwar in einen 2,5 m tiefen Gumpen, läuft aber Gefahr, auf den gemauerten Absatz zu treffen.
Unterhalb des Wasserfalls beginnt das eigentliche Tauchterrain. Ausgewaschene Kuhlen, Rinnen mit Kies und Geröll, Unterspülungen, Kanäle, Gumpen und kleine, abgeschottete Lagunen aus Schotter bieten eine äußerst vielfältige Landschaft. Pflanzen gibt es nicht, einige wenige Algenbüschel

Wildwasser von besonderem Reiz: der Maierbach. Am Wasserfall bieten sich viele Gelegenheiten für fotografische Ideen.

lockern die Kahlheit etwas auf. Alle Steine sind glattgeschliffen, manche wirken wie poliert. An den großen Felsen bricht sich das Licht und streut seine reflektierten Strahlen in jeden Winkel. Dzwischen flitzen Forellen. Eine Traumwelt!

22. Der Mondsee

Seehöhe: 481 m; max. Tiefe 68 m

Der Mondsee ist in Privatbesitz und gehört der Familie des Grafen Almeda von Mondsee. Das öffentliche Benutzungsrecht ist gegeben für Tauchen, Segeln, Surfen und Angeln; Motorbootfahren ist nur mit Genehmigung erlaubt. Von allen Salzkammergutseen hat der Mondsee mit Abstand die größte Planktonproduktion, daher ist er im Jahresmittel relativ trüb. Im Frühjahr und Spätherbst steigt seine Transparenz eventuell bis zu einer Sichtweite von 5 m an. Also nicht unbedingt ein See für Fotografen und Filmer, eher geeignet für größere Tauchgruppen mit sportlichen Ambitionen.
Der Mondsee gilt als sehr fischreich (Tiefenschwärme), hat aber nur spärlichen Pflanzenbewuchs. Der Untergrund ist teils schlammig, teils felsig mit Lehmbesatz. Die Fotografie bleibt auf den Nahbereich beschränkt (Makro).

Wasserfälle, ausgewaschene Kolken und Gumpen prägen das Bild des ungezähmt dahinrauschenden Maierbachs.

Beste Film- und Fotozeit ist die Nacht, wenn die Fische träge werden oder schlafend am Grund liegen. Im Mondsee ruhen an vielen Stellen Waffen und Munition. Bei Scharfling – kurz vor dem Straßentunnel – erstreckte sich eine riesige Munitionshalde in die Tiefe. 10.5-Granaten und Gebirgsjägerhaubitzen lagen weit verstreut im Umkreis. Ganz in der Nähe auf 40 m Tiefe ein Jeep in akzeptablem Zustand.
Bei Mooswinkl und am Ausfluß (Seegasthof) hat man Pfahlbauten entdeckt und eine Kulturschutzzone (Tauchverbot!) errichtet. Vereinzelte Keramik- und Glasfunde sind im ganzen See vorhanden. Stellenweise gibt es viele NS-Embleme, die tadellos erhalten sind.
Der Mondsee ist im Sommer ein vielbesuchter Badesee. Die Parkmöglichkeiten sind daher trotz an sich ausreichender Größe an den guten Tauchstellen etwas eingeschränkt. Beste Tauchzeit sind der Herbst und das Frühjahr.

Schutzzonen

Mondsee: Mooswinkel – die gesamte Halbinsel
Scharfling – von der Dampferhaltestelle bis zum Kienbach
See – die gesamte Bucht am Ausfluß

Baden, Segeln, Tauchen – am Mondsee macht es besonders viel Spaß.

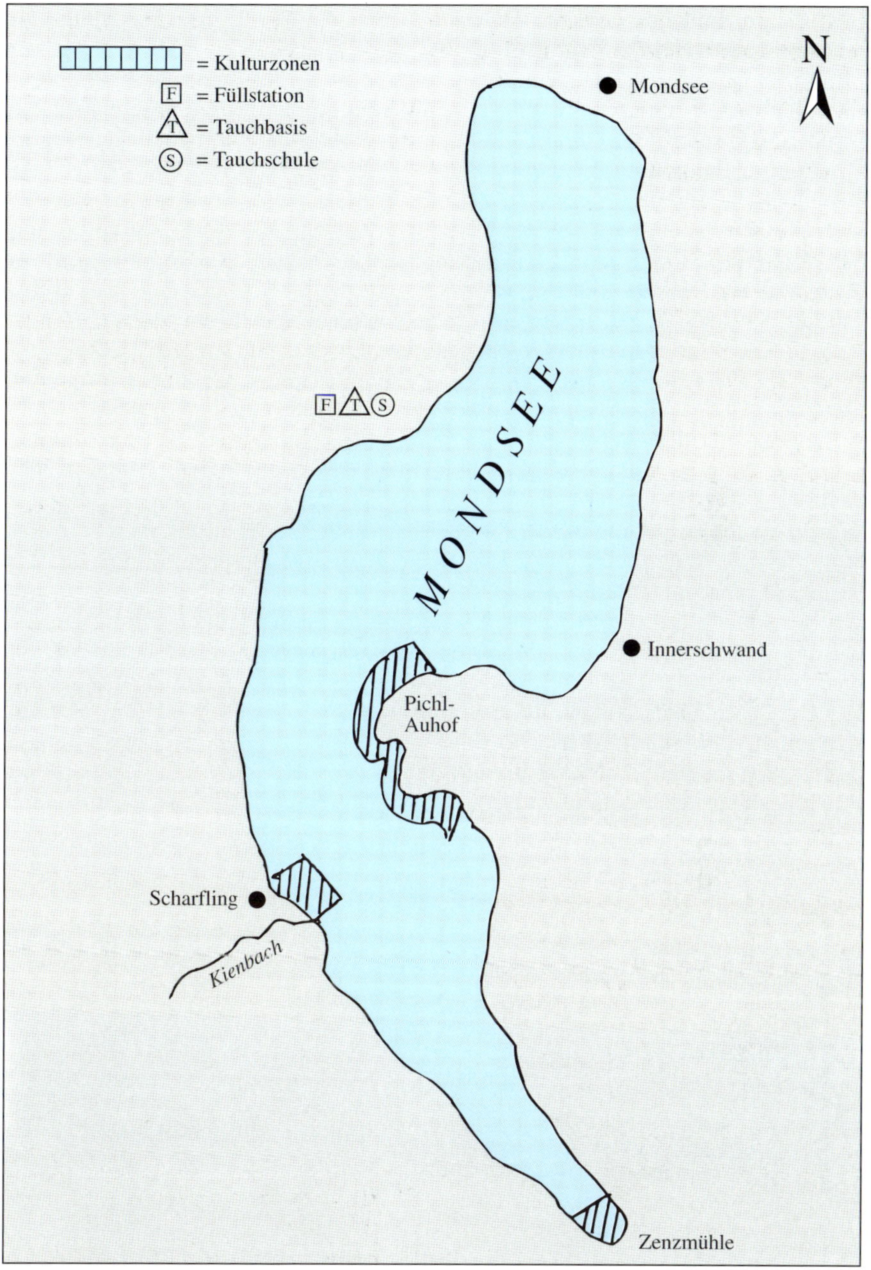
= Kulturzonen
F = Füllstation
T = Tauchbasis
S = Tauchschule
N
Mondsee
MONDSEE
Innerschwand
Pichl-
Auhof
Scharfling
Kienbach
Zenzmühle

23. Der Nussensee

Seehöhe: 604 m; max. Tiefe 22 m

Zwei Kilometer hinter Bad Ischl (von Hallstatt kommend) biegt man links ab – sehr gut beschildert – und fährt über ein schmales, aber gut asphaltiertes Sträßchen (ehemaliger Feldweg) zum Nussensee. Neben dem Seegasthaus befindet sich ein Parkplatz, es sind dann nur noch wenige Meter zum Wasser.
Der Nussensee hat keinen ersichtlichen Zufluß. Quellen konnten nicht entdeckt werden. Als einziger Salzkammergutsee größerer Prägung (750 m lang) wird der See nur vom Regenwasser und von der Schneeschmelze gefüllt. Ein kleines Abflußrinnsal läßt Hochwasser ablaufen. Einmal im See befindliche Fische können kaum noch entkommen. Um so erstaunlicher ist der Fang eines 8 kg schweren Lachses, dessen natürliches Eindringen man für unmöglich hielt.
Im Sommer ist der Nussensee ein beliebter Ort zum Baden für Familien mit Kindern. Das Wasser kann über 25 °C erreichen (in Seichtzonen). Viele Enten bevölkern den See; sie lassen sich fast aus der Hand füttern.
Sehr klar ist er nicht, maximale Sicht 2 bis 3 m im Jahresmittel. Es ist ratsam, entweder mit Superweitwinkel oder Fisheye zu fotografieren. Makros in der Nacht, es gibt viele Kleinlebewesen.
Der See ist sehr fischreich, wobei Karpfen, Aitel und Rotaugen den Löwenanteil haben. Alle Fische sind eingesetzt. Mit etwas Geduld und viel Weißbrot kann man die Aitel hautnah heranlocken.
Das Gewässer verkraftet nur kleine Tauchgruppen. Tiefer unten wird es klarer, aber auch wesentlich kälter. In manchen Jahren – unterschiedlich je nach Sonneneinfallsmenge – stehen meterhohe Wasserpflanzen im See. Es sind im

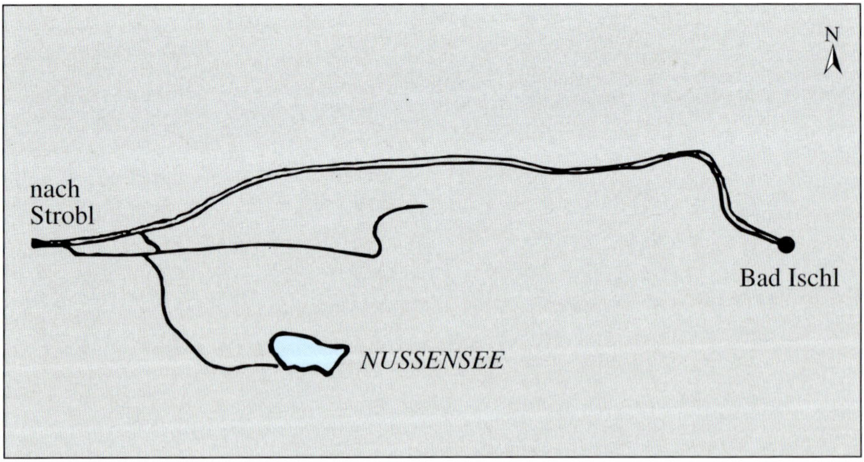

Nur an wenigen Tagen im Jahr klärt der Nussensee auf. Dann muß man als Fotograf die Situation nützen.

dämmrigen Grün des Wassers stimmungsvolle Aufnahmen möglich. Das Blitzlicht sollte man wegen der vielen Schwebeteilchen vermeiden.
Die eingangs erwähnte maximale Tiefe ist nur bei Normalpegel vorhanden. Nach langen Schönwetterperioden sinkt der Wasserspiegel drastisch ab, bis zu 10 m und weniger. Im Jahre 1950 maß er einmal nur noch knapp 1,5 m an der tiefsten Stelle, und auch 1950 sank er bis auf 2 m ab. Nach längeren Regenfällen füllt sich der See allerdings auch schnell wieder auf.
Im Nussensee lagen viele Gewehre, Helme und Dolche aus dem 1. Weltkrieg. Die Behörden veranlassen regelmäßig bei Niedrigwasser Säuberungsaktionen durch Räumkommandos. Da kein Sprengstoff vermutet wird, ist das Tauchen harmlos. Ansonsten liegt aller Wahrscheinlichkeit nach nur wertloser Plunder im Schlamm.

24. Der Offensee
Seehöhe: 655 m; max. Tiefe 38 m

Man folgt der Beschilderung von der Bundesstraße bei Ebensee aus. Die Anfahrt führt über eine Forststraße (Gerätetransport per Auto möglich) mehrere Kilometer durch den Wald. Der Offensee ist eine Perle, klares Wasser (oft um 10 m), pastellfarbenes Grün, in einer idyllischen Landschaft gelegen. Er wird von Urlaubern als sauberer und warmer Badesee (22 °C und mehr) geschätzt und ist daher im Sommer ein häufig besuchtes Gewässer. Im Winter friert er regelmäßig zu und entwickelt ein fantastisch durchsichtiges Eis – wäre ideal für Eistauchen, wenn er dann nicht regelmäßig 3 m abgesenkt werden würde. Bitte vorher nach dem Wasserstand erkundigen.
Unter den österreichischen Unterwasserfotografen gilt der Offensee als Geheimtip für medaillenverdächtige Aufnahmen. Viele Siegerbilder vergangener Jahre sind hier entstanden. Insbesondere für Krebsaufnahmen ist der See geradezu prädestiniert. Stellenweise ist er total „krebsverseucht", pro m^2 mindestens drei bis fünf Krebse. Im Offensee leben mit die größten Krebse des gesamten Alpenraumes. Die besten Krebsstellen sind bei den Bootshütten. Dort schauen die zangenbewehrten Kerle aus jedem Astloch und unter jedem Stein hervor.
Fische gibt es ebenfalls mehr als genug: Hechte, Barsche, Elritzen und Weißfische. Der Bewuchs ist mittelmäßig, was die Quantität anbetrifft, aber an sonnendurchfluteten Stellen ist die Wachstumsdichte enorm. Durchaus lassen sich nette und ansprechende Fotos mit Landschaftscharakter gestalten. Im Spätherbst eignet sich der See mit steigender Klarheit an den Stellen mit ins Wasser gestürzten Bäumen und bei zum Teil hochgewachsener Flora bestens für Gegenlicht-Romantik. Gerade im Offensee können Filmer und Fotografen ihr vielfältiges Können unter Beweis stellen.

25. Der Ödensee (Kainisch)
Seehöhe 780 m; max. Tiefe 19 m

Man besucht ihn bequem mit dem Auto über die Bundesstraße Bad Aussee – Liezen, biegt am Hinweisschild ab und parkt nach wenigen Kilometern beim Gasthof – Jausenstation Kohlröselhütte. Der See ist ein typischer Waldmoorsee, umgeben von dichtem Wald und einer üppigen Ufervegetation. Sein Untergrund ist schlammig mit einer grau-braunen Sediment-Schwebeschicht. Die Sichtweiten sind stark abhängig vom Wetter und der Jahreszeit und betragen etwa 2 bis 8 m.
Hechte (sollen früher enorme Maße erreicht haben), Weißfische und Karpfen (seltener) bevölkern den See. Bis spät ins Frühjahr hinein tummeln sich

Im Ödensee ist die Uferzone stellenweise gut bewachsen.

Erdkröten im Flachwasser. Der Kleintierbesatz ist selten gut ausgeprägt: Ruderwanzen, Wasserspinnen, Schwimmkäferlarven und Schnecken finden sich in großer Zahl – man muß diese Tiere nicht andauernd suchen – sie sind gut sichtbar. Der Ödensee ist im besonderen ein Makrogewässer mit einer nicht alltäglichen Fauna. Grundlage der üppigen Makrowelt ist das warme Wasser im Seichtbereich.

Im Sommer wird der Ödensee von Touristen und vielen Badegästen in Beschlag genommen. Trotz des moorigen Untergrundes eignet er sich recht gut auch für Kleinkinder zum Plantschen.

Linker Hand vor der Jausenstation am gegenüberliegenden Seeufer befinden sich drei große Quellkessel in 3,5 m, 8 m und 10 m Tiefe, in deren Umgebung das Wasser etwas klarer ist. Der schöne Schilfbewuchs bietet sich förmlich an für Teillandschafts- und Floraaufnahmen (Achtung: nicht durch den Schilfgürtel gehen).

In den Monaten April/Mai 1945 rüsteten bei Kriegsende am Ödensee die letzten Spezialeinheiten der Gruppe „Skorzeni“ ab. Das etwa 30 Mann starke Aufgebot lagerte gleich nach der Schranke in einer kleinen Almhütte, deren Fundamente noch sichtbar sind, und auch auf den angrenzenden Waldlichtungen. Verschwunden sind mit den Skorzeni-Truppen auch alle Geheimunterlagen, Spezialwaffen, Geld (Dollarnoten), unbekannte Ladungen und Wertgegenstände wie Gold, Schmuck und Edelsteine. Auch die Erkennungszeichen dieser Spezialeinheiten wie Ringe und Bajonette besonderer Ausführung konnten nie gefunden werden. Hinweise in alten Kriegsdoku-

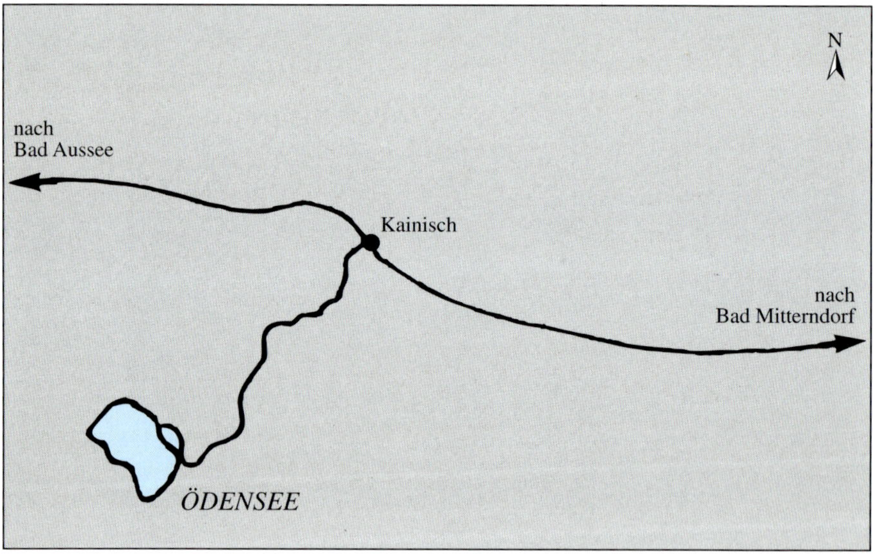

menten und Tagebüchern deuten darauf hin, daß die privaten wie auch wehrtechnischen Ausrüstungsgegenstände der „Skorzenis" im Ödensee versenkt wurden.
Eventuelle Fundstellen sind zu markieren und den zuständigen Behörden zu melden. Das Bergeverbot von Waffen ist zu beachten.

26. Der Putterersee

Seehöhe: 508 m; max. Tiefe 6 m

Ein Badesee par excellence, direkt neben der Stadt Aigen im Ennstal (Anfahrt über Bad Mitterndorf), gefällig und warm. Wassertemperaturen im Sommer über 23 °C. Er gilt als Moorsee mit Heilwirkung.
Der Putterersee ist ideal für Familienausflüge; schöne Liegewiesen und ein naturbelassenes Freibad mit Blick auf die herrliche Umgebung sind einen Ausflug allemal wert.
Die Ufervegetation ist schwach ausgeprägt – im Bereich der Badestellen ist sie gänzlich verschwunden. Der Fischbestand ist mittel bis gut, es empfehlen sich Nachttauchgänge mit Nahbereichsmotiven, denn der Putterersee ist alles andere als klar. Etwa vom Typ „Instrumente ablesen sehr erschwert".
In Schlamm liegen noch Hunderte von NS-Waffenkisten, die beim Einmarsch der Alliierten dort versenkt wurden. Einschließlich Standarten, Hitlerbüsten, Geheimdokumenten und möglicherweise auch Sprengstoff. Beachten Sie das Bergeverbot von Waffen.

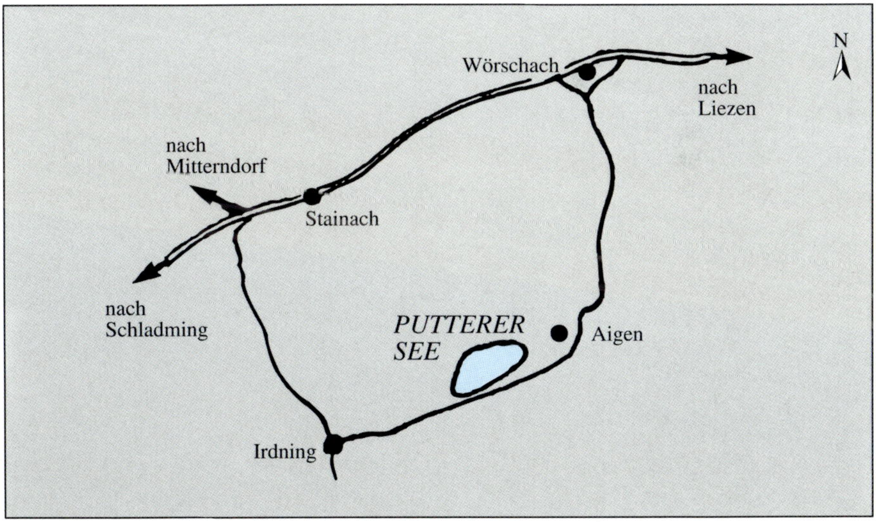

27. Der Salzaspeichersee
Seehöhe: 768 m; max. Tiefe 50 m

Durch das Zentrum von Bad Mitterndorf führt der Weg in Richtung Paß Stein, an dessen Fuß der 7 km lange Stausee liegt. Nur wenige Stellen sind für den Einstieg mit dem Tauchgerät geeignet, viele Lokalitäten sind nur mit dem Boot erreichbar. Die sicherlich besten Tauchstellen liegen rechter oder linker Hand nach Bad Heilbrunn, gleich dort, wo der See beginnt, wobei man der Fotografie und dem Film die sich rechts der Straße windenden kleinen Kanäle und Auen nicht vorenthalten sollte. Eine wahre Traumlandschaft mit Inselchen, Schilfzonen und versteckten Buchten tut sich auf. In den Kanälen und Gumpen taucht es sich gefahrlos, bequem und beschaulich. Wasservögel, Kleintiere, Jungfische und seltene Wasserpflanzen haben hier eine unberührte und biologisch intakte Welt gefunden. Es ist genüßliches Tauchen mit Anschauungsunterricht, wie man ein künstlich angelegtes Gewässer attraktiv gestalten kann. Vorsichtig tauchen. Die eingesetzten Fische wie Reinanken, Groppen, Elritzen, Forellen, Weißfische, Barsche und Hechte haben sich kräftig vermehrt, so daß man zu durchaus ansprechenden Fischaufnahmen gelangen kann, trotz der etwas bräunlich-gelben Eigenfarbe des Wassers. Aitel und andere Weißfische kann man hautnah mit Brot füttern. Im Frühjahr sind die vielen Buchten und Flachzonen Laichplätze der Amphibien. Der Bewuchs ist im eigentlichen Speicherbecken etwas kärglich, da die Pflanzen wenig Mutterboden zwischen den gesprengten Felsen und im Schotter finden. Die

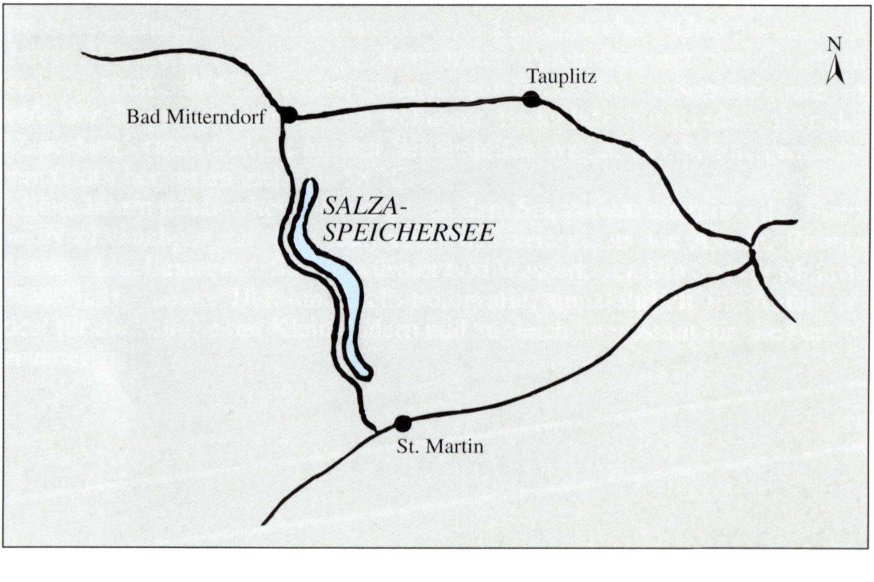

Die zwei Gesichter des Salzaspeichersees. Felsige Uferzonen und moorig-braunes Wasser in den Buchten und Kanälen.

beste Seeflora gibt es leider weitab der üblichen Tauchrouten an den unberührten Ufern im hinteren Teil des Salzaspeichersees.
Wer an der Staumauer taucht (sehr tief), muß unbedingt die geänderten Nullzeiten beachten! Vorsicht beim Kraftwerkeinlauf. Es besteht Lebensgefahr. Beim Aufstauen des Speichersees wurde ein ganzes Dorf überschwemmt – Tiefenbereich ca. 10 bis 20 m.
Im vorderen Teil, nicht weit von der Straße, stehen in 5 bis 10 m Tiefe riesige Steinquader und die Fundamente einer alten Mühle. Das Bergen der versunkenen Zivilisationsüberreste ist frei. **Beim Tauchen in die Regionen des alten Dorfes und der menschlichen Behausungen sollte immer eine Zwickzange oder ein Seitenschneider mitgeführt werden, da noch Stacheldrahtrollen, Drahtgitter, Zäune und Stahldrähte in großer Zahl am Seegrund verstreut sind, in denen man sich tödlich verstricken kann.**
An der Oberfläche schwankt die Transparenz im Jahresmittel zwischen 2 und 7 m. Beste Tauchzeiten sind Spätsommer und Herbst. Im Frühjahr ist der Salzaspeichersee oftmals durch Regenfälle und Schneeschmelze eingetrübt.

28. Der Sommersbergersee

Seehöhe: 856 m; max. Tiefe 24 m

5 km von Bad Aussee in Richtung Sarstein (gut beschildert) führt ein asphaltierter Weg vorbei am Hotel „Wasnerin", ehemals Kulisse für Heimatfilme und nach Kriegsende Sendestation des Österreichischen Rundfunks, durch Wiesen, Matten und Almen an einen Waldparkplatz. Von dort aus sind es noch 150 m zum Sommersbergersee.
Der See ist im Privatbesitz. Braun-gelbe Wasserfarbe weist ihn als Moorsee mit Heilwirkung aus. Die Sichtweiten sind eher bescheiden zu nennen, ca. 2 m. Um den See stehen einige Angelhütten, unter denen mannigfaltiges Makroleben gedeiht. Neben der Badezone erstreckt sich eine wunderschöne Seerosenkolonie – bitte schonend behandeln! Hier lassen sich sonst selten mögliche Gegenlichtaufnahmen mit Seerosenblüten machen. Während der Badesaison ist der Zutritt zum See gebührenpflichtig. Die Umgebung ist gepflegt, schöne Liegewiesen, Badestege, Toiletten und Umkleidekabinen. Ein empfehlenswertes Ausflugsziel für Familien mit Kleinkindern.
Die beste Tauchzeit ist ohnehin der Herbst, wenn sich die Badegäste längst verabschiedet haben. Der ca. 150 m breite Sommersbergersee ist eines der wärmsten Gewässer im Salzkammergut. In den Sommermonaten heizt sich das Oberflächenwasser auf eine Temperatur von bis zu 28 °C auf.
Neben den schon erwähnten Seerosen gedeihen hier auch seltene Moorpflanzen an den Ufern. Sogar den fleischfressenden Sonnentau will man gesichtet haben. Alle Fische sind eingesetzt und finden im nahrhaften Wasser

Im Sommer kann sich der Sommersbergersee bis auf 28 °C aufwärmen. Ein Bade- und Tauchgewässer für die ganze Familie.

gute Lebensbedingungen. Zu den üblichen Futterfischen wie Groppen, Elritzen, Weißfischen und Barschen sichtet man gelegentlich auch kapitale Karpfen (12 kg wog der schwerste) sowie Hechte von stattlichen Ausmaßen. Rekordhalter ist ein Hecht von fast 8 kg. Mit den Sportfischern gibt es wenig Probleme, sofern man nicht mutwillig in den Angelzonen herumstöbert. Ein kleines Gespräch vor dem Tauchgang hilft, einige Hürden zu überwinden. Nachttauchgänge sind möglich und von Vorteil für die Fischfotografie.

29. Der Schwarzensee
Seehöhe: 800 m; max. Tiefe 44 m

Er ist mit dem Auto über die Bundesstraße nach Salzburg von Bad Ischl Richtung Rußbach erreichbar. Von dort aus führt eine gut ausgebaute Waldstraße 3 km bis zur Schwarzensee-Gaststätte, wo ein geräumiger Parkplatz das Umziehen am Auto erleichtert.
Tieftaucher sollten die geänderten Nullzeiten beachten, da der Schwarzensee immer wieder Übungsterrain von sportlich ambitionierten Hobbytauchern ist. Zu beachten ist ferner, daß am Nordwestufer eine geschützte Laichzone für Fische beginnt. Dort besteht Bade- und Tauchverbot!

Keine Felsen, sondern versteinerte Schleimalgen im Schwarzsee.

An dem ca. 2 km langen Gewässer gibt es aber immer noch genügend Plätze, an denen unvergeßliche Süßwassertauchgänge auf den biologisch interessierten Besucher warten.
Der Name Schwarzensee rührt von den dunklen Wäldern her, die ihn umgeben und mit ihren langen Schatten das Wasser verdunkeln. In den Dämmerungszonen ist daher Blitzlicht vonnöten.
Die Wasserpflanzen erreichen respektable Höhen (über 2 m) und stehen stellenweise dicht an dicht. Im Gewirr der Wirteln huschen Jungfische in Deckung, und dicke Wasserschnecken kriechen die Stengel hoch. Mit Weitwinkelobjektiven gelingen malerische Szenen. An Fischen beherbergt der Schwarzensee die gesamte Grundpalette einheimischer Kiemenatmer. Hechte, viele Arten von Weißfischen, Barsche, Groppen, Rutten, Forellen, Saiblinge und sogar Schleien hat man gesichtet. Elritzenwolken stehen unter überhängenden Bäumen. Im Schlamm liegen die oftmals übersehenen Schmerlen. Krebse lauern in Höhlen und unter Steinen.
Die Sicht ist mittelmäßig, je nach Jahreszeit zwischen 3 und 7 m. Im Spätherbst ist der See klarer, während im Frühjahr durch Regenfälle und Schneeschmelze Eintrübungen vorhanden sind.
Der Schwarzensee friert im Winter regelmäßig zu, eignet sich daher auch gut für Eistauchgänge. Malerische Stellen sind zweifelsohne einige von Schleim-

algen bewachsene Bäume (subtiles Flosseln!) sowie steil abfallende Geröllhalden und Lehmwände, an denen stimmungsvolle Aufnahmen im Dunkelgrün der Tiefe gelingen.

30. Die Tauplitzalmseen

Seehöhe: 1.445–1.700 m; max. Tiefe 2–40 m

Im Gebiet der Tauplitzalm verteilen sich insgesamt sechs Seen und ein Froschteich. Es sind dies:

a) Krallersee, 1.700 m hoch, 10 m tief
b) Märchensee, 1.530 m hoch, 6 m tief
c) Großsee, 1.530 m hoch, 40 m tief
d) Steirersee, 1.460 m hoch, 30 m tief
e) Schwarzsee, 1.460 m hoch, 15 m tief
f) Tauplitzlacke, 1.549 m hoch, 14 m tief
g) Sagtümpel, 1.439 m hoch, 2 m tief

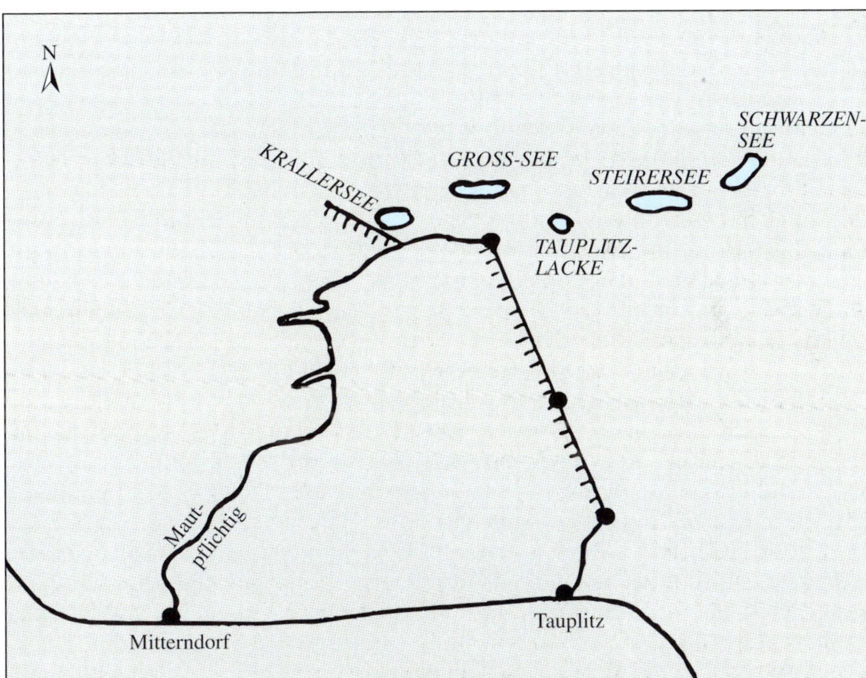

Wandert man vom Steirersee in Richtung Wasserfall – man kann auch per Auto von Tauplitz ein wesentliches Stück des Weges auf einer Fahrstraße zurücklegen –, so gelangt man zunächst an den

Sagtümpel, dessen Besuch eigentlich nur für Naturfreunde und Schnorchler lohnt. Er gehört strenggenommen nicht mehr zu den Tauplitzalmseen, soll aber als Amphibienteich an dieser Stelle nicht unerwähnt bleiben.

Die **Tauplitzalmseen** sind mit dem Fahrzeug in der Regel nicht direkt erreichbar. Man fährt von Bad Mitterndorf der Ausschilderung folgend (mautpflichtig!) gut 10 km bergauf, wo ein großer Parkplatz eines der größten Skigebiete im Salzkammergut ankündigt. Auf riesigen Hochalmen verteilt, verlaufen Skilifts und Sesselbahnen in alle Richtungen.

Während der Hochsaison muß das Auto hier abgestellt werden. Der Fußweg zu den einzelnen Seen ist teilweise beträchtlich, so zwischen 10 und 30 Minuten muß man je nach Kondition ansetzen. Es empfiehlt sich, die Tauplitzalmseen im Spätherbst zu besuchen, allerdings auch nicht zu spät, sonst liegt u. U. schon Schnee. Außerhalb der saisonalbedingten Zeiten besteht die Möglichkeit, mit dem Auto bis in die Nähe (100 bis 200 m) zu gelangen. Alle Seen sind soweit beschildert, eine kleine Übersichtskarte erhält man an der Mautstation im Tal. Vermeiden Sie unnötiges Fahren auf den für den Besucherverkehr gesperrten Waldwegen. Es könnte Ärger mit den Forstbeamten geben. Aus Landschaftsschutzgründen sollte auch mit geländegängigen Fahrzeugen nicht bis unmittelbar an die Ufer kutschiert werden. Alle Seen frieren im Winter vollständig zu. Über ihre dicken Eisdecken jagen dann Skiurlauber ins Tal, oftmals nicht wissend, daß unter dem stäubenden Pulverschnee ein Gewässer mit 40 m Tiefe liegt.

Trotz der großen Höhenlage der Gewässer werden diese im Sommer als Badeseen benutzt. Die Ufer sind teilweise von Schilf und anderen resistenten Wasserpflanzen eingesäumt. In allen Seen tummeln sich Fische, die zum Teil eingesetzt sind. Die Tierwelt besteht ausschließlich aus „hochgebirgstauglichen" Bewohnern wie Groppen, Elritzen, Salmoniden und Aalrutten. Im späten Frühjahr finden sich Alpensalamander, Bergmolche und Erdkröten ein. Zum Fotografieren und Filmen erweisen sich **Steirersee** und **Schwarzsee** mit ihrem jahreszeitlich bedingten klaren Wasser eines Besuches wert. Es sind dies beide reine Quellseen mit Trinkwasserqualität. Doch auch die anderen **Tauplitzalmseen** können, wenn auch vorzugsweise im Herbst, mit einer durchaus bestechenden Sicht aufwarten. Leider gibt es immer wieder Phasen, in denen einige der Seen blühen, so daß sich eine Tagestauchtour nur nach vorheriger Information lohnt. Trotz allem ist es der Mühe wert, den Tauplitzalmseen z. B. im Rahmen einer Wanderung einen Besuch abzustatten. Kaum irgendwo gibt es eine Gegend, in der so viele Tauchgewässer so dicht beieinander liegen.

Bitte unbedingt die geänderten Nullzeiten beachten. Gerade auf der Tauplitzalm hätte ein Dekounfall, so weit entfernt von der nächsten Druckkammer, fatale Folgen.

31. Der Toplitzsee

Seehöhe: 718 m; max. Tiefe 103 m

Parkmöglichkeiten bestehen am Gasthaus „Rostiger Anker" in Gössl am Grundlsee. Das Equipment muß von dort nun entweder getragen oder mittels kleiner Leiterwägelchen über das Forststräßchen (ca. 20 Minuten) an die Ufer des Toplitzsees gezogen werden.
Landschaftlich und limnologisch gesehen ist der Toplitzsee eines der ungewöhnlichsten Tauchgewässer in den Alpen. Seine Transparenz, stellenweise über 20 m, die überdimensionalen Schleimalgenvorhänge an den UW-Bäumen (5 m und länger!), das mikadoartig verstreute Uferholz, die gewaltigen Baumstämme, eine unberührte Flora im Uferbereich und exponierte Fischwolken am Rande des Tiefwassers stempeln ihn gleichsam zum See aller Seen.

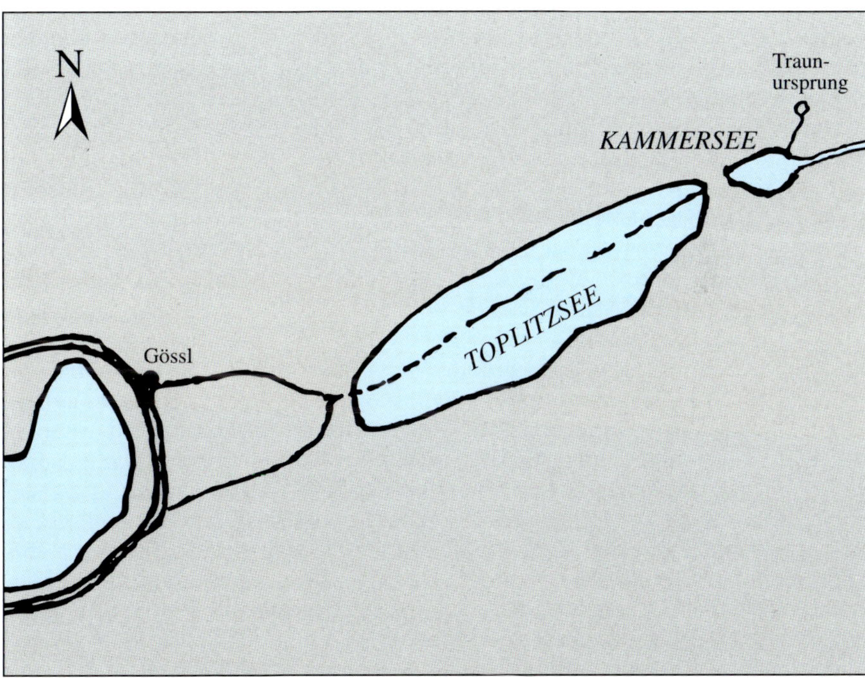

Wohl kein Tauchgewässer in Europa ist vielseitiger in bezug auf Flora und Fauna, abwechslungsreicher in seiner Morphologie, faszinierender in seiner Vergangenheit, in abgelegenen Bereichen unberührter, malerischer in den Farbschattierungen und bizarrer in der Landschaft unter Wasser. Der Toplitzsee ist die Erfüllung eines Tauchertraumes…
Es beginnt damit, daß direkt am Ausfluß des Sees ein großer Gumpen, von gewaltigen Steinblöcken eingerahmt, zum Lebensbereich von Bachforellen, Aiteln und Hechten avanciert ist. Die in diesem natürlichen Gefängnis verbliebenen Fische haben ihre natürliche Scheu vor dem Menschen stark abgebaut. Hier lassen sich die Hechte sogar streicheln und in gewünschte Position schieben – ein Dorado für Fischfotografen. Dieses natürliche Aquarium mit seinem sprudelnden Frischwasser zählt mit zum Schönsten, was man Tauchanfängern und schnorchelnden Kindern im Süßwasser zeigen kann.
Direkt oberhalb, vor den Bootshütten, beginnt die faszinierende Welt der Wasserpflanzen und Fischschwärme. Die Reinheit der Farben von Blattgrün und roten Stengeln ist überwältigend. Immer wieder starrt man wie betäubt durch die gespenstisch wogenden Schleimalgen, bewundert die tolle Sicht in dieser Region, betrachtet fasziniert das Kampfspiel der Krebse und schaut gebannt auf die Silhouette gigantisch gewachsener Hechte. Tanzende Elritzenschwärme umhüllen den Taucher, unwirklich dringen die Lichtstrahlen der Sonne in die Tiefe, explosionsartig breiten sich die Schlammwolken hochgewirbelter Sedimentschichten um den unvorsichtigen Taucher aus. Märchengarten wird dieser Teil des Sees genannt, ein Name, der die dadurch geweckten Assoziationen voll und ganz bestätigt. Die Jausenstation „Fischerhütte“ hält wärmende Getränke und kleine Imbisse für Touristen, Badende und Taucher bereit. Der Inhaber Albrecht Syen ist selbst Sporttaucher. Vor der „Fischerhütte“ liegt ein Bootsanlegesteg mit Motorplätten. Das sind kleine, flache Holzboote mit Motor, in denen früher das Salz aus den Bergwerken transportiert wurde. Gegen eine Gebühr kann man sich an jede Stelle des Sees fahren lassen. Der Bootsführer holt Taucher und Gerät nach beendetem Tauchgang wie verabredet wieder ab.
Ausgesprochen reizvolle Tauchgründe findet man an den Wasserfällen, deren herabstürzende Gischt aus dem Lahngangsee und der Vorderbachalm stammt. Inmitten der sprudelnden Wasser stehen Schwärme von Lachsforellen, tummeln sich wunderschön gezeichnete Flußkrebse und liegen sogar tagsüber viele Aalrutten zwischen versunkenem Laub oder herabgerissenen Ästen und Felsbrocken. Die Ufer fallen steil ab, es ist Vorsicht geboten mit Anfängern, da das Hinausklettern mit dem Tauchgerät auf Schwierigkeiten stoßen kann.
Ein Tauchplatz der absoluten Superlative ist der hintere Teil des Toplitzsees. In unmittelbarer Nähe des Rast- und Landeplatzes für die Plätten und deren Passagiere stürzt der Seeboden ins Uferlose hinab. Drei große Bombentrichter, jeder mit einem Durchmesser von über 20 m, bestückt mit gewaltigen

und uralten Baumstämmen, umsäumt von hohen Wasserpflanzen und dabei glasklar (man kann quer durchschauen) lassen das Herz eines jeden Fotografen höherschlagen. Hier ist Süßwassertauchen in einer Dimension möglich, die man nur unvollkommen beschreiben kann.
Die exorbitante Unterwasserschicht in den Kratern rührt von Sickerwasser und Bodenquellen her, die vom höhergelegenen Kammersee aktiviert werden. Nach Regenfällen, wenn die Quellen verstärkt sprudeln, sind Horizontalsichtweiten von 30 m möglich. Im Spätherbst, wenn der Mischwald um die Ufer in leuchtenden Farben erstrahlt, bekommt das Wasser des Toplitzsees einen gelblich-grünen Schimmer, der sich in den Strahlen der untergehenden oder schrägstehenden Sonne bis ins Rotgoldene verändern kann.
Aufgrund seiner braunen Vergangenheit liegen in allen Teilen des Sees, vornehmlich aber vor der „Fischerhütte“, Waffen, NS-Embleme und Reste von Abschußrampen für Raketen und Torpedos. Es ist streng verboten, nach versunkenem Kriegsmaterial zu graben.
Den wohl größten Reiz aber übt das „Hitlergold“ nach wie vor auf die Psyche der Schatzsucher aus. 60 Tonnen Gold sollen im Toplitzsee versenkt worden sein. Allerdings weiß niemand, ob und wenn überhaupt, wo. Auch eine komplette Geldfälscherwerkstatt und Unmengen von Kisten mit Falschgeld warten in 85 m Tiefe inmitten einer gespenstisch anmutenden Welt auf Bergung. Dazu sind allerdings Mischgasgeräte und die Genehmigung der zuständigen Behörden erforderlich!
Bitte beachten Sie auch folgendes: Wer Kriegsmaterial im Toplitzsee findet, hat unverzüglich die zuständige Gendarmerie zu benachrichtigen. Unterlassen Sie bitte auch im eigenen Interesse alle Do-it-yourself-Versuche einer Bergung. Wenn Sie den Toplitzsee besuchen, denken Sie auch daran, daß er noch anderes zu bieten hat als nur eine braun gefärbte Vergangenheit. Der See ist ein Gewässer, dessen Faszination und Ausstrahlung alle anderen im Salzkammergut übertrifft. Als einer der bekanntesten Bergseen der Welt darf er das Attribut, einer der besten (taucherisch) und abwechslungsreichsten zu sein, ohne Einschränkungen für sich in Anspruch nehmen.

32. Die Traun (Fluß)

Das für viele unbekannte Flußtauchen ist im Salzkammergut in der Traun gut möglich. Dieser Fluß gehört zu den schönsten und fischreichsten Fließgewässern Europas, ein Geheimtip, nicht nur für Sportfischer, sondern auch für Sporttaucher.
Als Ursprung der Traun werden die Zuflüsse zum Kammersee und speziell auch dieser selbst angesehen. Getragen wird die Traun ebenso durch Abflüsse vom Ödensee (vermutlich unterirdisch), vom Altausseersee und vom Hall-

stättersee, den sie durchfließt und bei der Ortschaft Steeg als breiten Fluß wieder verläßt. Nur wenige Stellen sind wild und gefährlich; der Fluß mündet in ruhigen Windungen als langsames Fließgewässer in den Traunsee.
Insbesondere an der Einmündung in den Hallstättersee liegen die fischreichsten Stellen. Ganze Wolken von Reinanken und Äschen balgen sich um das heranströmende Futter. Eigentlich ist es gleichgültig, wo man die Traun betritt, das permanente Auftreten großer Fischschwärme ist obligatorisch, seien es Bachforellen, Regenbogen- oder Lachsforellen (gewaltige Exemplare darunter!), Hechte, Aitel oder Rotaugen, die Traun hat Platz für alle. Im Spätherbst bilden Aalrutten ganze Knäuel, um abzulaichen; die unglaubliche Kompression limnologischen Lebens ist mehr als sehenswert.
Infolge der hohen Lebensverdichtung sind Fütterungsszenen kein unüberwindliches Hindernis. Es genügen einige wenige Brotscheiben, und schon hat man die Fische in Greifnähe.
Die Sicht in der Traun ist mit Ausnahme der Schmelzwasserzeiten (März bis Mai) teils sehr gut und wechselt zwischen 4 und 8 m. Oftmals ist der Fluß klarer als die umliegenden Seen, von denen er gespeist wird. Bevorzugt sollte man in stillen Buchten und Gumpen tauchen, wenn die Fotografie den Hauptakzent setzt. Viele Fische lassen sich mit dem Klarwasser treiben und zyklisch transportieren. Man kann als Taucher ebenso verfahren und gelangt so in die Nähe auch sehr scheuer Wasserbewohner. Je tiefer die Tauchstellen gewählt werden, um so ruhiger fließt das Wasser und um so angenehmer taucht man. Vereinzelt sind die Gumpen zu kleinen Seen ausgewachsen, einige Meter tief, mit erstaunlicher Flora an der Peripherie.
Es ist möglich, über einzelne Forstwege mit der Gerätschaft bis unmittelbar an die Traun heranzufahren. Der Fahrer muß allerdings beim Flußschwimmen und Flußtauchen das Auto an einer vorgemerkten Stelle unterhalb des Einstiegs, mehrere hundert Meter oder einige Kilometer flußabwärts parken, denn ein „gegen den Strom schwimmen“ ist nicht möglich.
Man muß nicht unbedingt nur eine einzige Stelle betauchen. Lassen Sie sich treiben, vorbei an riesigen Felsen, tauchen Sie unter den vielen ins Wasser hängenden Bäumen hindurch, bestaunen Sie die wildromantische Unterwasserlandschaft, spielen Sie mit den Fischen in der Strömung und genießen Sie das unvergleichliche Flair einmaligen Flußtauchens. Auch das ist Tauchen im Salzkammergut.

Durch exzessive Sonneneinstrahlung bilden sich mannshohe Algenwände.

33. Der Traunsee
Seehöhe: 422 m; Tiefe 197 m

In der Literatur wird er auch als Gmundner See bezeichnet und ist der zweitgrößte See im Salzkammergut, gleichzeitig auch der tiefste.
Bedingt durch große Mengen an Schmelzwasser ist seine Sicht im Frühjahr (April–Mai) nicht überragend; kaum mehr als 3 bis 5 m an der Oberfläche, nach der ersten Sprungschicht wird es nur unerheblich besser. Der Traunsee ist ein Berufsfischer-Gewässer. Fast 40 Tonnen Seefische werden jedes Jahr gefangen. Der See beherbergt alle der im Salzkammergut vorkommenden Fischarten. Zum Filmen und Fotografieren sind die Abendstunden ergiebiger als die Tageszeit. Neben vielen Schleien trifft man auf ausgedehnte Brachsenschwärme und wildes Elritzengewimmel (lassen sich füttern!).
Der Traunsee ist ein relativ klarer See, dessen Bewuchs metertief hinabreicht, vereinzelte UW-Bäume, kaum Forstbruch in niederen Tiefen. **Es ist äußerste Vorsicht im Bereich der Linienschiffahrt geboten. Keinesfalls darf in den Fahrrouten der Motorschiffe aufgetaucht werden – das ist lebensgefährlich.** Da auch viele private Motorboote den See befahren, ist beim Auftauchen der Kopf zu heben und auf Fahrgeräusche zu achten. Taucherbojen! Man taucht am gefahrlosesten in den Flachbuchten abseits der Ortschaften.
Von Traunkirchen bis Ebensee erstrecken sich riesige Steilhänge bis über 80 m Tiefe, eine zwar romantische, aber auch gefährliche UW-Welt, wenn man den Level von 50 m Wassertiefe überschreitet. Ebensee selbst ist zum Tauchen weniger empfehlenswert, da es ein Industriezentrum und Einzugsgebiet von Bijouterieherstellungsbetrieben ist. Es gelangen dort auch chemische Abfälle in den Traunsee.
Für Forscher, Archäologen und Schatzsucher ist der See insbesondere im gesamten Bereich der Gmundner Bucht ein Traumgebiet, sofern sie sich für Glaskunst und zeitgenössische Keramik interessieren. Seit dem 17. Jahrhundert ist in Gmunden eine umfangreiche Keramikindustrie ansässig. Der See ist an dieser Stelle voll von alten Krügen, Töpfen, Schüsseln und Ofenkacheln. Ebenso kann das Gebiet um Traunkirchen als exzellenter Fundort für mundgeblasenes Glas und auch seltene Keramik apostrophiert werden. Im See befinden sich darüber hinaus zahlreiche Überreste von Pfahlbaudörfern. **Achtung! Kulturschutzzone beachten!** So sind der Schiffsanlegeplatz bei Traunkirchen und der Bereich auf Höhe der Landwirtschaftsschule bei Altmünster (Pfahlbauten) als Kulturschutzzonen ausgewiesen.

Schutzzonen Traunsee:
Bucht von Gmunden, westl. Seeufer im Bereich Hollereck – Pühret Traunkirchen – die gesamte Halbinsel.

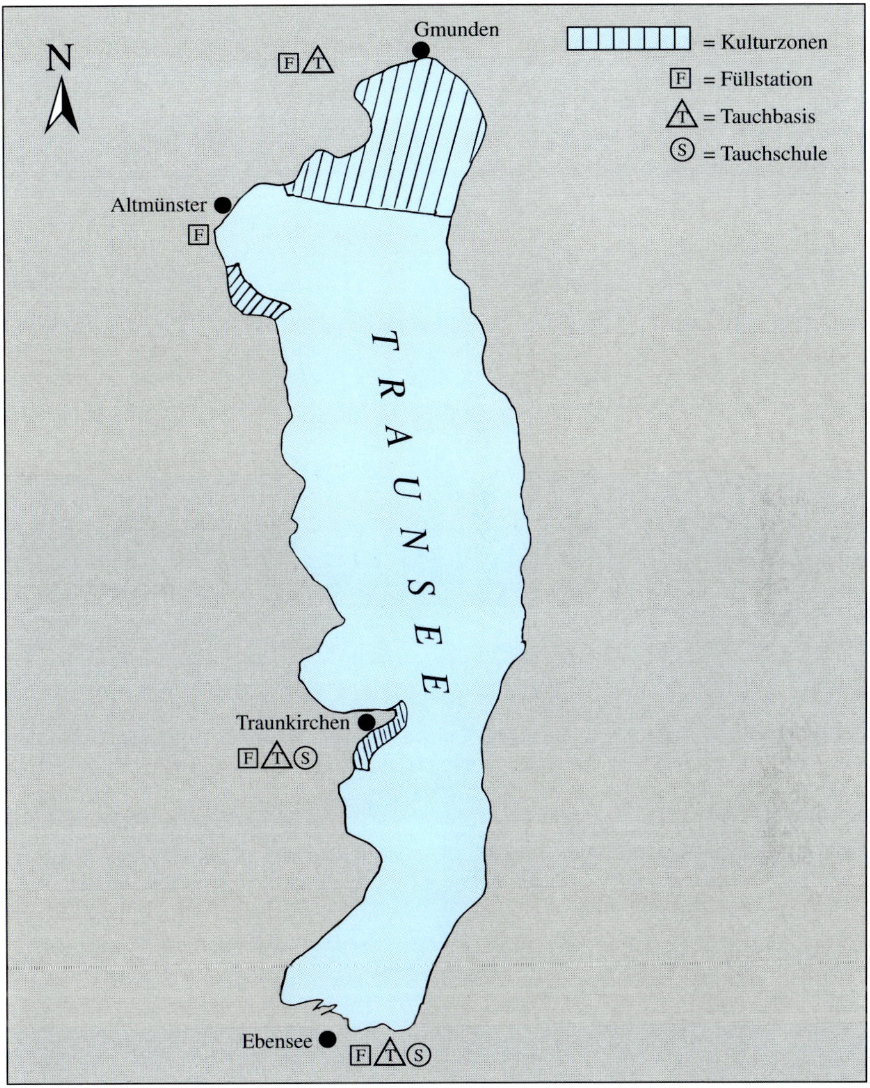

Hinweis:
Das Hotel „Traunsee" in Traunkirchen beherbergt die Tauchschule „Peter Gigl", Tel. 00 43-(0)76 17-22 16.
Eine weitere Gigl-Basis befindet sich in Ebensee: Tel. 00 43-(0)61 33-63 81.

Oben: Lauben sind Futterfische für Seeforellen, Hechte und Waller.

Unten: Während der Laichzeit gehört der Bachsaibling zu den schönsten Fischen im Süßwasser.

Rechte Seite oben: Nur ein Bild war möglich, dann bemerkte die Schleie den Taucher und verschwand.

Unten: Der Wildkarpfen ist die Urform der heutigen Zuchtkarpfen.

34. Der Wildensee

Seehöhe: 1.535 m; max. Tiefe 15 m

Er ist als Hochgebirgssee ausgewiesen und dementsprechend schwierig zu erreichen. Man fährt von Ebensee mit dem Pkw zum Offensee, wo der fahrbare Untersatz abgestellt werden muß. Der Fußmarsch über den sehr steilen Wanderpfad dauert mindestens eine Stunde bis zum See; durch Verengungen und Geröllrutsch sowie abfallende Rinnen ist die Möglichkeit, per Fahrzeug zum See zu gelangen, absolut nicht gegeben.

Der Wildensee liegt in einer dem Namen entsprechenden wildromantischen Landschaft. Er besitzt Trinkwasserqualität und ist ganzjährig sehr klar, die horizontale Sicht beträgt über 10 m.

Die Uferpflanzen sind klein, aber von ausgeprägter Schönheit in leuchtendem Grün. An vielen Stellen überwiegen Bodenalgen in zartem Pastell von braun bis hellrosa. Fische gibt es aufgrund der exponierten Höhenlage nur wenige. Meist trifft man auf Elritzen, einige Forellen und Groppen, vereinzelt auch auf Aalrutten. Die Aalrutten des Wildensees kann man sogar berühren, so träge sind sie. Auf der nahegelegenen Wildenseehütte wurde 1945 der letzte Stellvertretende Leiter der deutschen SS, Kaltenbrunner, gefangengenommen. Kaltenbrunner flüchtete nicht nach Südamerika wie seine ihm gleichgestellten Genossen und andere Führungskräfte der SS. Er war vorgesehen als Kanzler bzw. Präsident für die II. Österreichische Republik, allerdings wurde ihm dann Dr. Karl Renner nach Kriegsende vorgezogen. Kaltenbrunner soll seine gesamte Hinterlassenschaft (Gold, Münzen, Schmuck, persönliche Dokumente, Geheimlisten, Waffen) im Wildensee versenkt haben.

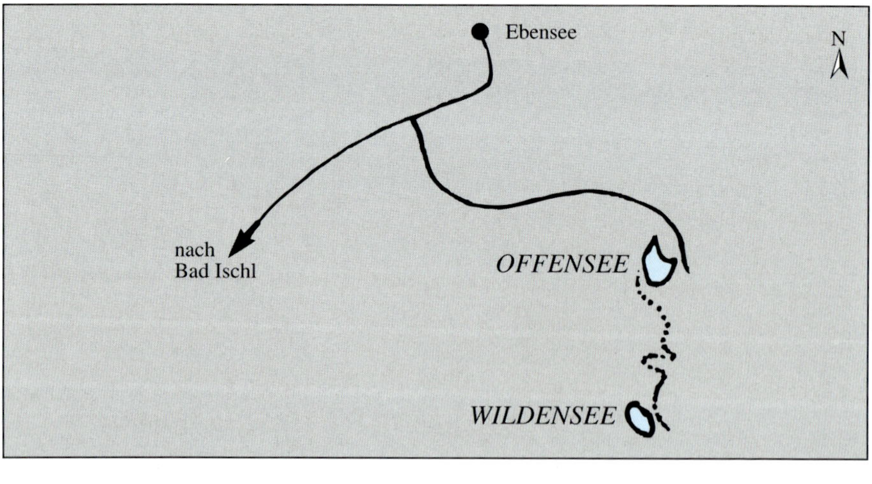

Für ausgiebige Fotopirsch in kaltem Wasser empfiehlt sich ein Trockentauchanzug.

35. Der Wolfgangsee

Seehöhe: 538 m; max. Tiefe 113 m

Sein Bekanntheitsgrad durch das berühmte „Weiße Rößl" ist sprichwörtlich. Ebenso sprichwörtlich ist allerdings auch seine Trübheit während der Algenblüte ab August. Im Jahresmittel beträgt die Sicht zwischen 1 und 5 m, nicht berauschend, aber erträglich. Die Vegetation ist schwach entwickelt, die Ufer sind durch Straßenbau und Müllablage steinig und über weite Strecken trostlos. Sein Defizit an Flora macht der Wolfgangsee allerdings bei der Fauna mehr als wett. Er gilt als sehr fischreich, wobei alle schwimmenden Vertreter des Salzkammergutes präsent sind. Sogar nachts kann man von Schwarmfischen eingehüllt werden.
Das Ufer bei St. Wolfgang ist eine gigantische Müllhalde, auf der man von der steinernen Kanonenkugel bis zum Zweihänder und zum Toilettenbecken alle Zivilisationsrückstände der Bewohner durch die Jahrhunderte gefunden hat. Während der Sommermonate gibt es in und um St. Wolfgang keine Parkmöglichkeit. Tausende von Badegästen, starker Linienschiffverkehr, Wasserskifahrer, Windsurfer und Tretboote bevölkern die Seefläche. Das Tauchen ist während dieser Zeit in dieser Region nicht zu empfehlen.

Marineschule

In Ried, einem Ortsteil von St. Wolfgang, eröffnete 1911 Kaiser Franz Joseph die von ihm erbaute Marineschule. Während des 2. Weltkrieges war hier eine Kadettenanstalt der deutschen Kriegsmarine eingerichtet. Kleine Kriegsschiffe zur Ausbildung der Kadetten wurden vor Anker gelegt. Heute ist die ehem. Marineschule ein Mädchenpensionat für Hauswirtschaftsleiterinnen. In den Sommerferien ist das Pensionat Ferienaufenthaltsort für Wiener Kinder und Jugendliche, die in die nautischen Grundlagen eingewiesen werden wollen. Träger dieser Einrichtung ist der österreichische Marinebund.
Das Seegelände vor der Marineschule ist ein hochinteressantes Terrain für Waffennarren. Bis heute hat man bereits mehr als 200 Marineoffiziersdolche mit Elfenbeingriffen und vergoldeten Messerscheiden gefunden. U. a. liegt auch ein Safe in ca. 15 m Tiefe im sandigen Schlamm. Von Feuerwehrtauchern aus Linz gesprengt, wurde der gesamte Inhalt leider vollkommen zerstört. Eine Identifizierung von vermutlich darin enthaltenen Geheimakten war nicht mehr möglich.

St. Gilgen

Die Marineschule in Ried wurde – wie ein im Uferschlamm entdeckter Tagesstempel beweist – am 7.2.1945 aufgegeben. Nachweislich war es die letzte Station der ungarischen SS, deren Reste dort einquartiert waren. Die Elitetruppe hatte beim Rückzug aus Ungarn sämtliche Wertgegenstände aus dem

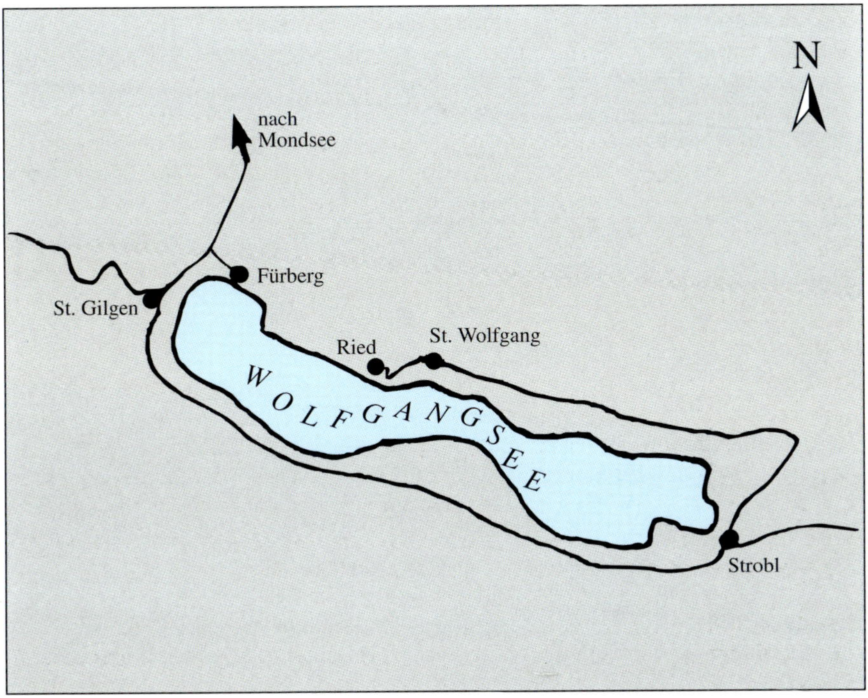

Besitz des ungarischen Adels und vieler vermögender Personen konfisziert. Auch der Kronschatz und unermeßliche Reichtümer an Silbergeschirr sollen sich in den Händen der SS-Truppen befunden haben. Ein Teil der aus Schlössern, Gütern und Herrenhäusern stammenden Schätze wurde bei Kriegsende gegen Zivilkleidung und Geld eingetauscht, als die Amerikaner in Österreich einmarschierten. Auf der Flucht vor den Besatzungstruppen versenkte die ungarische SS wohl den größten Teil des Schatzes zwischen St. Gilgen und Stockach im See. Vereinzelt aufgefundene Wertgegenstände in Ufernähe (Schmuck, Silber, Bestecke etc.) deuten darauf hin. Auch Hinweise aus der Bevölkerung, die von den oben erwähnten Tauschaktionen berichteten, lassen weitere Fundstellen im See als wahrscheinlich erscheinen.
In St. Gilgen war nach dem Krieg der bekannte Filmschauspieler Theo Lingen Bürgermeister. Gleichzeitig war es auch der Aufenthaltsort von Prof. Dr. Hans Hass während der Nachkriegswirren. Hans Hass wurde 1945 von den Alliierten beauftragt, sämtliche für eventuelle wertvolle Fundstücke in Frage kommenden Stellen abzutauchen. Sicherlich ist er ein potenter Wissensträger dieser Zeit. In St. Gilgen wird noch heute gemunkelt, daß der clevere Hans Hass mit dem heimlich geborgenen Tafelsilber sein Forschungsschiff Xarifa

finanziert haben soll. Immer wieder überraschen hartnäckige Taucher ihre Umwelt mit Silberringen, alten Löffeln und wertvoller Keramik. Bitte beachten: Die Fundstücke müssen ausnahmslos den Behörden gemeldet werden.
Ein fotografisches Schmankerl wartet bei Stockach in 20 m Tiefe: Dort steht ein fast 15 m hoher Baum senkrecht im Wasser, eine Wucht für dramatische Aufnahmen mit Abenteuer-Charakter.

Falkenwand
Diese Wand ist nur mit dem Boot erreichbar. Lassen Sie sich von ortskundigen Tauchern die Stelle zeigen. Die Tageslichtgrenze siedelt sich dort oft in mehr als 50 m Tiefe an. Jahreszeitlich bedingt kann es an der Steilwand relativ klar werden. Es ist schon ein tolles Gefühl, über der bodenlosen Schwärze zu schweben und das fahle Sonnenlicht in die Tiefe wandern zu sehen. Die Falkenwand ist oft von Fischschwärmen belagert und gilt als der schönste Steilabfall im Salzkammergut.

Franzosenschanze
In 42 m Tiefe lag ein amerikanischer Panzer. Er wurde inzwischen geborgen. Die genaue Stelle findet man relativ schnell, wenn man von der kleinen Brücke mit den zwei Betonrohren dem 5 m daneben führenden Trampelpfad folgt. Direkt an der Einstiegsstelle befand sich das Kriegsfahrzeug. Bitte beachten Sie unbedingt die Nullzeiten – es gab schon tödliche Tauchunfälle (darunter auch US Navy-Taucher) am Panzerplatz, und das ist die Sache niemals wert. Wer hinab will, sollte unbedingt ein Doppelflaschengerät (2 x 10 l) mitführen.

Strobl
Bei Strobl ist der See ein relatives Seichtgewässer, die Flora ist mittelmäßig, der Fischbestand jedoch sehr gut. Im Bereich „Bügelsteig-Strobl“ liegt in nur wenigen Metern Tiefe eine Seitenwagenmaschine aus dem 2. Weltkrieg. Vereinzelt auch Keramik und altes Glas.

Fürberg
Flora und Fauna sind angenehm vielseitig und qualitativ ohne Mängel. Viele Bäume liegen in ungefährlicher Tiefe, was den Filmern und Fotografen gefallen wird. Erstaunlicherweise ist hier das Wasser mit Abstand am klarsten. Ein vermutlicher Quellbereich konnte nicht gefunden werden, wäre aber möglich. Der Fischbestand ist hier sehr gut.

Segelflosse einer Äsche.

Rückenflossenansatz bei einem Wildkarpfen.

Tauchschulen und Füllstationen im Salzkammergut

1. Nautilus-Tauchsport, Alois Männer
   Atterseestraße 16, A-4863 Seewalchen am Attersee
   Tel. 0043-(0)7662-3803 und 2643

2. Tauchbasis Steinbach/Ausbildungszentrum TSVÖ/Attersee
   Hermann Kadasch, Gasthaus Föttinger
   A-4853 Steinbach, Tel. 0043-(0)7663-342

3. Tauchcenter Oberschmid, Herbert Oberschmid
   Fr.-Schönthal-Allee 32, A-4854 Weißenbach am Attersee
   Tel. 0043-(0)7663-8163

4. Tauchschule Atlantis, Franz Pramendorfer
   Feichert 22, A-4906 Eberschwang 69
   Tel. und Fax 0043-(0)7753-3205

5. Tauchbasis Scuba Consult
   Fr.-Schönthal-Allee, A-4854 Weißenbach am Attersee
   Tel. 0043-(0)7663-8102 oder 0043-(0)732-711388

6. Tauchclub Attersee, Helmut Reiter
   Buchenort 12, A-4866 Unterach am Attersee
   Tel. 0043-(0)7666-8034 oder 0043-(0)663-074691

7. Tauchsport Pacher
   Kaplanstraße 2, A-4866 Unterach am Attersee
   Tel. und Fax 0043-(0)7665-8524

8. Tauchschule Aquasport, Johann Doblinger
   Reith 7, A-4921 Hohenzell
   Tel. 0043-(0)7552-81097

9. Tauch- und Freizeitzentrum Funk
   Gasthof „Zum alten Forsthaus"
   Gosaumühle 7, A-4823 Steeg am Hallstättersee
   Tel. und Fax 0043-(0)6134-372

10. Alpine Tauchschule Zauner
    Markt 113, A-4830 Hallstatt am Hallstättersee
    Tel. 0043-(0)6134-8286, Fax 0043-(0)6134-82865

11. Tauchschule Atlantis, Josef Kissler
St. Lorenz am Mondsee/Austria Camp, A-5310 Mondsee
Tel. 00 43-(0)62 32-29 27 oder 00 43-(0)7 32-30 93 15

12. Wassersportzentrum Ebensee, Peter Gigl
Strandbadstraße 12, A-4802 Ebensee
Tel. und Fax 00 43-(0)61 33-63 81

13. Tauchschule Peter Gigl
Hotel Traunsee, A-4801 Traunkirchen
Tel. und Fax 00 43-(0) 88 81 02

14. Für das Tauchen im Wolfgangsee ist eine Genehmigung erforderlich, die ausgestellt wird von:
Nikolaus Höplinger, Markt 32, St. Wolfgang,
Tel. 00 43-(0)61 38-30 66

15. Allgemeine Informationen über das Tauchen im Salzkammergut können eingeholt werden bei:
ARGE-Tauchen, Harald Hois,
Postfach 10, A-4010 Linz,
Tel. 00 43-(0)7 32-77 12 64, Fax 00 43-(0)60 02 20

16. In den Gewässern Altausseersee, Augstsee, Gleinkersee und Vorderer Langbathsee ist das Tauchen nur in Begleitung einer ARGE-Tauchschule möglich.

Notrufnummern/Dekokammern

1. Rotes Kreuz 144; Gendarmerie 133

2. Dekokammer Graz: 03 16-3 85-22 05 oder 27 95
Ort: Uni-Klinik Landeskrankenhaus

3. Dekokammer Wien, Hütteldorferstr. 260
Tel. 02 22-9 14-47 00

4. Dekokammer München
Tel. 0 60 / 89-40 66 55 oder 0 60 / 89-4 17 60 50

Der Tauchführer ist kein Freibrief für freies Tauchen

Der Besitz des Tauchführers und die darin beschriebenen Tauchgebiete und Tauchstellen sind kein Freibrief für uneingeschränktes freies Tauchen. Alte Salzkammergut-Taucherprofis aus dem In- und vor allem aus dem Ausland kennen das Lied vom Tauchverbot bestens aus eigener Erfahrung. Scheinbar sind Verbote im Salzkammergut traditionell. Im kommunistischen Osten werden Verbote abgebaut – hier im demokratischen goldenen Westen werden neue unsinnige Freizeitverbote gegen seine Bürger und deren Gäste geschaffen. Verbote nicht nur gegen Taucher; die modernen Feindbilder sind Paragleiter und Mountainbiker, Kanuten und Sportfischer, Motorboote und Rafter; Wohnmobile und die anderen Autofahrer sind das größte Feindbild, selbst einsame Felsenkletterer werden angegriffen, Freundschaft ist der Gruß der Sozialisten in Österreich!

Einschränkungen und Verbote
Wie in allen Sportarten, so auch im Tauchsport, sind auf einschlägige Bestimmungen und Verordnungen Rücksicht zu nehmen. Tauchverbote oder Tauchbeschränkungen nach Zeit und Ort sind vor Ort bei den Tauchbasen oder bei den Seeverwaltern und Besitzern zu erkunden.

Verpflichtet, sich zu erkundigen, ist der Taucher aber nicht
Der Bescheid der Bezirkshauptmannschaft Vöklabruck vom 23.2.1989
Schu 96 / 325 / 1987 besagt wörtlich:

- Laut neuester Judikatur des Verwaltungsgerichtshofes kann von einem Sporttaucher nicht verlangt werden, daß er vor einem Tauchgang bei den zuständigen Behörden Erkundigungen über bestehende Tauchverbote einholt.
- Der Seebesitzer ist verpflichtet, seine Wünsche, Gebote und Verbote so kund zu tun, daß der Taucher keine Verfehlungen machen kann.
- Also: „Unwissenheit schützt vor Strafe nicht“ gilt beim Tauchen in Österreich nicht. Sollte ein Taucher in einem Tauchverbot angefunden werden und gibt an, daß er vom Tauchverbot wußte, ist er straffällig. Wußte er nichts vom Tauchverbot, kann man ihn nicht bestrafen.
- Taucher sind die zahlungskräftigsten Touristen im Salzkammergut.
- Von höchster oberösterreichischer Regierungsspitze wurde der touristische Wert des Tauchsports erkannt und versichert, daß keine Tauchverbote mehr errichtet werden und an den bestehenden gearbeitet wird, um sie nach Möglichkeit aufzuheben.

Ein scheuer Aitel im Wolfgangsee, kurz vor dem Abdrehen voll erwischt.

Allen Lesern wünschen wir viel Spaß beim Erkunden im abenteuerlichen kulturträchtigen Salzkammergut. Allen Tauchern erfolgreiche Tauchgänge und außergewöhnliche Fotos und Videoaufnahmen.

„Glückauf“ *Herbert Frei und Gerhard Zauner*

22/09/21

Pour Anne,

Merci d'avoir acheté mon livre ! J'espère que vous y trouverez des infos utiles pour retrouver une vie plus sereine et vous souhaite de ne plus avoir peur d'avoir peur.

Bonne lecture… et bon voyage !

Melinda Orset